Christine Levisse-Touzé est historienne, docteur ès Lettres en sciences humaines et directeur de recherches associé à l'université de Montpellier. Auteur de nombreux articles et communications, elle est aujourd'hui directeur du Mémorial du maréchal Leclerc de Hauteclocque et de la Libération de Paris et du musée Jean Moulin (Ville de Paris, direction des Affaires culturelles). Elle assure également la publication en août 1994 des actes du colloque international sur *La Libération de Paris* (Albin Michel).

A l'équipe des deux musées

Dépôt légal : juin 1994
Numéro d'édition : 68091
ISBN : 2-07-053277-1
Imprimerie Kapp Lahure
Jombart, à Evreux

PARIS LIBÉRÉ, PARIS RETROUVÉ

Christine Levisse-Touzé

DÉCOUVERTES GALLIMARD
PARIS MUSÉES
HISTOIRE

Occupé par les Allemands dès
le 14 juin 1940, Paris est, depuis
quatre ans, le remords du monde libre.
Il attend impatiemment l'heure
de sa libération depuis que les combats
se sont portés sur le sol de France
à l'issue de l'opération Overlord.
A peine le front allemand est-il percé
en Normandie que la capitale française
se retrouve tout à coup au centre de
la stratégie et au cœur de la politique.

CHAPITRE PREMIER
LE REFUS

L'espoir renaît et la lutte s'intensifie depuis le débarquement allié en Normandie. Les affiches de la Résistance – comme ci-contre celle des Francs-Tireurs et Partisans (FTP) – remplacent celles du gouvernement de Vichy sur les murs de Paris.

Effacer la défaite de 1940

Dès le 18 avril 1942, le général de Gaulle affirme que la Libération ne peut être séparée de l'insurrection nationale. La France ne retrouvera son rang parmi les nations qu'en contribuant activement à sa libération. Le chef de la France combattante tient pour essentiel que les armes de la France agissent à Paris avant celle des Alliés, que le peuple contribue à la défaite de l'envahisseur, et que la libération de la capitale porte la marque d'une opération militaire et nationale. L'insurrection est politiquement nécessaire pour maintenir l'unité de la Résistance. Il importe également qu'une administration nouvelle soit en place dès avant l'arrivée des Alliés. Le 3 juin, le

Créé le 3 juin 1943 à Alger sous la double direction du général Giraud et du général de Gaulle, le Comité français de libération nationale est l'organisme central qui dirige l'effort de guerre des Français de l'extérieur. La capitale de la France en guerre n'est plus Londres, mais Alger. Après la démission de Giraud le 9 novembre, de Gaulle s'impose comme le futur chef du Gouvernement provisoire français. «Ceux qui supposent qu'à la Libération la France pourrait en revenir à l'époque féodale et se répartir entre plusieurs gouvernements, nous leur donnons rendez-vous un jour prochain à Marseille, [...] à Paris quelque part entre l'Arc de triomphe et Notre-Dame», préviendra-t-il le 7 mai 1944 à Tunis. Une motion votée à l'unanimité par l'Assemblée consultative d'Alger, traduite en ordonnance le 3 juin 1944, transforme le CFLN en Gouvernement provisoire.

Comité français de libération nationale, dirigé par le général de Gaulle, se transforme en Gouvernement provisoire de la République française, pleinement reconnu par la Résistance intérieure. Les mouvements de résistance et le chef de la France libre se rejoignent sur la nécessité de l'insurrection, à condition qu'elle se passe dans l'ordre et qu'ils en restent maîtres.

Organe officiel du CPL, le premier numéro du *Patriote parisien* paraît en mars 1944 ; ici, il appelle à la grève pour le 1er mai.

La préparation politique

Grâce à la fusion des divers mouvements, la Résistance intérieure a gagné en autorité. Les Parisiens la connaissent surtout par la presse clandestine, qui s'imprime en majorité à Paris depuis 1944 et compte une bonne centaine de journaux. A l'extérieur et à l'intérieur, la Résistance s'est structurée et tout est prévu pour qu'elle prenne une option sur le pouvoir.

A Alger, elle dispose d'un pouvoir exécutif (le Gouvernement provisoire de la République française, dirigé par le général de Gaulle) et d'une Assemblée consultative provisoire depuis le 3 novembre 1943.

A Paris, le Gouvernement provisoire est représenté par un délégué général, Alexandre Parodi, nommé en mars 1944, homme de devoir et grand serviteur de l'Etat. La Délégation comprend diverses commissions, chargées des questions économiques, du ravitaillement, de la mise en place des comités de libération, de la nomination des préfets et des secrétaires généraux. Parodi dirige tous ces services, mais il n'a pas d'autorité directe sur les divers groupements de Résistance. Pour renforcer ses

Le symbole de la France libre, adopté dès juin 1940, est la croix de Lorraine.

pouvoirs, le général de Gaulle lui attribue, le 14 août, rang de ministre délégué dans les territoires non encore libérés.

Présidé par Georges Bidault, le Conseil national de la Résistance (CNR), créé à Paris le 27 mai 1943 par Jean Moulin, s'affirme alors comme l'institution la plus représentative de la Résistance intérieure,

GPRF
général de Gaulle
(Alger)

Délégué général
Parodi
(Paris)

Délégué civil de la zone Nord
Pré

Comité de mises en place administratives

Commission des commissaires régionaux et des préfets	Commission des secrétaires généraux	Commission des comités de libération

Commissaire régional

Préfet

puisqu'elle rassemble partis, syndicats et mouvements. Mais si Jean Moulin cumulait les fonctions de délégué général et de président du CNR, celles-ci ont donné lieu, depuis sa disparition, à deux postes distincts. En dépit de l'entente des deux responsables, la dualité des institutions est bien une réalité. Le bureau du CNR comprend outre Georges Bidault, Saillant (CGT), Villon (Front national – mouvement créé à l'instigation du parti communiste en 1942, qui recrute dans tous les milieux sociaux et politiques), Copeau (Mouvements unis de la Résistance – MUR) et Blocq-Mascart (Organisation civile et militaire – OCM).

Le général de Gaulle croit en Parodi, alors âgé de quarante-trois ans : «Parce que sa conscience est droite… il a pris au-dessus des passions un ascendant moral certain.»

A Paris, la situation est encore plus complexe en raison de l'existence du Comité parisien de la libération (CPL)

A la fois comité de ville et de département, le CPL, créé en septembre 1943, est présidé par André Tollet, secrétaire général de la CGT pour le département de la Seine. Il comprend dix-neuf membres représentant partis politiques, syndicats, organisations de la

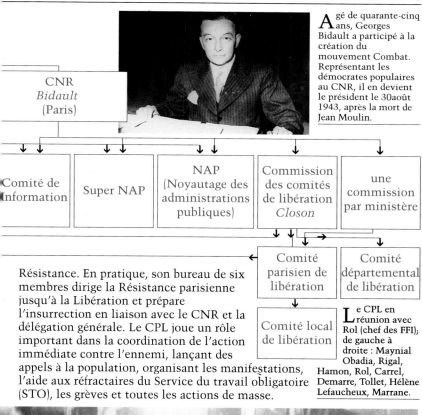

Âgé de quarante-cinq ans, Georges Bidault a participé à la création du mouvement Combat. Représentant les démocrates populaires au CNR, il en devient le président le 30 août 1943, après la mort de Jean Moulin.

CNR
Bidault
(Paris)

Comité d'Information	Super NAP	NAP (Noyautage des administrations publiques)	Commission des comités de libération *Closon*	une commission par ministère

Comité parisien de libération	Comité départemental de libération

Résistance. En pratique, son bureau de six membres dirige la Résistance parisienne jusqu'à la Libération et prépare l'insurrection en liaison avec le CNR et la délégation générale. Le CPL joue un rôle important dans la coordination de l'action immédiate contre l'ennemi, lançant des appels à la population, organisant les manifestations, l'aide aux réfractaires du Service du travail obligatoire (STO), les grèves et toutes les actions de masse.

Comité local de libération

Le CPL en réunion avec Rol (chef des FFI); de gauche à droite : Maynial Obadia, Rigal, Hamon, Rol, Carrel, Demarre, Tollet, Hélène Lefaucheux, Marrane.

Animé par les représentants des organisations ouvrières et communistes, il dirige la Résistance parisienne, certains groupes armés et les milices patriotiques. Créées le 15 mars 1944 par le CNR, celles-ci s'apparentent à une sorte de police au service des comités locaux de libération. En liaison étroite avec l'état-major local des Forces françaises

de l'intérieur (FFI), le CPL prépare les mesures à prendre au jour du soulèvement afin de coordonner l'action militaire et le mouvement insurrectionnel. Ses appels à la population pour participer aux manifestations et aux grèves entretiennent un climat propice à la combativité de la population parisienne. Ils suscitent aussi le développement des sabotages qui s'intensifient après le débarquement allié le 6 juin 1944.

La préparation militaire

Le général Jacques Delmas – Chaban –, délégué militaire national, est l'adjoint d'Alexandre Parodi pour toutes les questions militaires. A ce titre, il dépend du général Kœnig, commandant en chef des Forces françaises de l'intérieur. Celles-ci sont nées le 1er février 1944 de la fusion théorique de toutes les formations militaires de la Résistance : l'Armée secrète (regroupant les branches armées de divers

Lors de la création des FFI en février 1944, la France fut divisée en douze régions militaires et des chefs FFI régionaux et départementaux furent choisis. L'armée secrète s'intégra facilement ; les FTP, quant à eux, gardèrent leur autonomie, tout en proclamant l'union. Le manque d'armes leur font cruellement défaut et les FFI doivent compter sur les parachutages des Alliés. Cependant, grâce à leur patriotisme, ils seront parmi les artisans de la libération de la France.

mouvements résistants), les Francs-Tireurs et Partisans (FTP, issus du parti communiste, créés début 1942 et dirigés par Charles Tillon), l'Organisation de résistance de l'armée (ORA). Mais les FTP et l'ORA conservent leur autonomie. Chaban est chargé de subordonner toute l'action militaire au général Kœnig à Londres.

Âgé de 36 ans, ancien chaudronnier-tôlier, le colonel Rol-Tanguy a pris part à la guerre d'Espagne dans une brigade internationale en tant que commissaire politique. Il est entré en Résistance dès août 1940 au sein des comités populaires. Le 5 juin 1944, il devient le chef des FFI de l'Ile-de-France.

Jacques Chaban-Delmas, jeune inspecteur des finances nommé général de brigade à 29 ans est entré en Résistance sous la bannière de l'OCM. Conseiller financier des FFI, il est nommé délégué militaire national, c'est-à-dire l'adjoint d'Alexandre Parodi pour les questions militaires.

Le CNR affirme son autorité à diriger l'action militaire en France par la création d'un organe qui doit, sur le plan intérieur, jouer un rôle similaire au Bureau central de renseignement et d'action (BCRA), chargé de la Résistance extérieure en mai 1944. C'est le Comité d'action militaire du CNR (COMAC), composé de trois membres : Villon, du Front national ; Kriegel-Valrimont, des MUR, et le commandant Jean de Vogüé – Vaillant –, des mouvements de zone nord. Jusqu'au débarquement, le COMAC commande les FFI et dispose d'un chef d'état-major des Forces françaises de l'intérieur, en la personne de Malleret – Joinville.

Au début juin, le colonel Henri Tanguy – Rol – prend la tête des FFI de la région parisienne après l'arrestation du commandant Lefaucheux.

Il dispose d'un adjoint pour le département de la Seine, le colonel de Marguerittes – Lizé – officier confirmé. Le 8 août, les FTP et le COMAC se mettent à la disposition du colonel Rol.

Leclerc et la 2e DB

L'unité chargée de faire entrer de Gaulle dans Paris, pour y affirmer la souveraineté française, est la 2e division blindée française – la 2e DB. Son commandant, le général Leclerc, compagnon de la première heure du général de Gaulle, est l'un des chefs les plus illustres de la France libre ; il s'est notamment distingué à Koufra, le 1er mars 1941, en prenant cette oasis du sud du Fezzan (en Libye) aux Italiens, et en Tunisie. Leclerc est le seul, parmi les généraux de la France libre, à avoir accepté d'adjoindre des unités entières de l'armée d'Afrique, restées fidèles au maréchal Pétain jusqu'au débarquement anglo-américain du 8 novembre 1942 au Maroc et en Algérie, aux quelque 3 000 combattants qu'il avait amenés avec lui de Libye. Non sans mal, car les tensions entre Français étaient encore très vives, il est parvenu, avec l'apport supplémentaire de plusieurs milliers d'évadés de France par l'Espagne, à construire une division blindée cohérente et très motivée de près de 13 000 hommes, belle image de cette union retrouvée que de Gaulle souhaitait instaurer en France sous son autorité.

Leclerc a été informé des intentions du chef de la France libre dès le mois de décembre 1943 : le capitaine de Boissieu lui a remis un ordre écrit du général de Gaulle le nommant gouverneur militaire de Paris par intérim. De plus, le général Eisenhower a promis au général de Gaulle que les Français seraient les premiers à entrer dans Paris.

Telle est la genèse des décisions qui se traduisent, fin avril-début mai 1944, par le transfert de la division en Angleterre, afin de parfaire son instruction. Si elle figure sur la liste des unités qui débarqueront en France, il n'est pas prévu que la 2e DB participe à l'établissement de la tête de pont en Normandie, pas plus que la IIIe armée américaine du général Patton, à laquelle elle est rattachée. Ce n'est qu'à partir du 20 juillet 1944, au moment où la percée du front allemand en Normandie devient prévisible, qu'elle est acheminée vers le sud de l'Angleterre puis embarquée dans la région de Southampton. Elle atteint la plage d'Utah Beach, près de Saint-Martin-de-Varreville dans le département de la Manche, le 1er août 1944. Tout ceci confirme l'acceptation tacite par les Américains de l'autorité du chef de la France libre, le général de Gaulle.

Mais la libération de Paris n'est pas un objectif stratégique pour les Américains

Pour les Alliés, Paris peut attendre. Si les Allemands s'y accrochent, ils redoutent les combats de rues. Aussi ont-ils prévu de contourner Paris par Mantes, au nord, et Melun, au sud. Ils sont alors convaincus que la capitale tombera d'elle-même. Sa libération retarderait leur marche en gênant leur logistique et leur poserait

Alors que les pancartes «Vers le front de Normandie» surgissent partout dans Paris, ici à la Concorde, le général Leclerc débarque à Utah Beach. Au moment de mettre le pied sur le sol de France, il prononce une courte allocution : «Français, enfin voici l'heure tant attendue. Il est difficile d'exprimer l'émotion de nos officiers, sous-officiers et soldats en un pareil moment. Ces hommes viennent de partout. […] Nous voulons d'abord battre le boche, l'ennemi maudit. Nous voulons ensuite retrouver de bons Français qui mènent depuis quatre ans dans le pays la lutte que nous menions dehors.»

des problèmes de ravitaillement : 4 000 tonnes par jour sont nécessaires pour nourrir la population civile, dont les Alliés, uniquement préoccupés de l'aspect militaire du conflit, ne désirent pas s'embarrasser. La question du pouvoir leur est étrangère, même s'ils ne remettent pas en cause l'autorité du général de Gaulle.

A l'aube du 14 juin, le chef de la France libre met le pied sur le sol de France et se rend à Bayeux où il reçoit un accueil chaleureux. Cet épisode a valeur de symbole parce que de Gaulle nomme le premier commissaire de la République sur le territoire métropolitain, François Coulet, pour la Normandie, et remplace le sous-préfet vichyste par un de ses fidèles, Raymond Triboulet. Il promet de continuer la lutte jusqu'à ce que la souveraineté de chaque pouce

Arrivé près de Courseulles le 14 juin, avec une partie de l'état-major de la France libre, le général Kœnig et l'amiral Thierry d'Argenlieu, le général de Gaulle retrouve la France après quatre ans d'absence.
Il parcourt à pied Bayeux : «Nous allons ainsi, tous ensemble, bouleversés et fraternels, sentant la joie, la fierté, l'espérance nationale remonter du fond des abîmes.»

de territoire français soit rétablie et ajoute «Personne ne nous empêchera de le faire», mettant en garde les Américains contre leur projet de gouvernement militaire, l'*Allied Military Government of Occupied Territories* (AMGOT). Le général de Gaulle, défendant la souveraineté nationale, a l'habileté de désigner les nouveaux détenteurs des fonctions publiques empêchant l'administration militaire américaine de nommer ses propres fonctionnaires.

Les manifestations du 14 juillet

Depuis le 6 juin, les divers organes de Résistance incitent

« Maurice Schumann annonce mon allocution par les mots officiels : "Honneur et patrie! Voici le général de Gaulle! La preuve est faite. Dans la métropole, aussi bien que dans l'Empire, le peuple français a montré à qui il s'en remet du devoir de le conduire».

les Parisiens
à exprimer leur
révolte. Plusieurs étapes
traduisent l'évolution du
climat insurrectionnel. Les 1er et 7
juillet se sont déroulées des manifestations
spontanées. A la veille du 14 juillet, le CPL et le
CNR appellent la population à une très forte
mobilisation ; des tracts ont été diffusés en grand
nombre dans les différents arrondissements. L'avance
des armées alliées sur le territoire français accroît
l'aspiration des Parisiens à refuser l'occupation
allemande et le régime de Vichy. Des manifestations
sont organisées par le Front national, avec l'appui de
l'union des syndicats et du parti communiste, mais

En ce
jour
d'Assomption,
tout le monde est
pressé : les
Allemands de partir,
les Résistants de
libérer la ville. La grève
de la police modifie le
paysage quotidien des
Parisiens. Les soldats
ennemis remplacent
les agents de police aux
carrefours pour assurer
la circulation. Le soir
même, les premiers
coups de feu éclatent.

environ 100 000 personnes manifestent spontanément à l'Arc de triomphe, place de la République et en banlieue, chantant la *Marseillaise*. Pour la première fois, la police n'est pas intervenue. Ces manifestations ont galvanisé les énergies et la Résistance a été plébiscitée, l'objectif étant de créer une atmosphère d'insécurité pour inquiéter l'adversaire et de revendication pour mieux impliquer les foules parisiennes. L'initiative est audacieuse car c'est la première fois qu'une action collective de cette ampleur est lancée contre les Allemands. La répression ne cesse pas pour autant : le 15 août, un train de 2 453 déportés quitte Pantin ; le 16 août, 34 jeunes gens sont fusillés au bois de Boulogne ; d'autres dans les fossés du château de Vincennes.

Les Allemands commencent l'évacuation de Paris le 9 août ; elle sera à peu près achevée à la veille du soulèvement. Elle encourage les Parisiens à déclencher l'insurrection. Devant la poussée alliée en Normandie, la VIIe armée allemande traverse Paris pour gagner l'Est sous la protection des forces du Gross Paris chargées d'assurer sa retraite.

Vers la grève insurrectionnelle

Le CPL, en particulier Carrel et Tollet, estime le moment propice au déclenchement de grèves ouvrières pour arriver progressivement à la grève générale insurrectionnelle. Depuis le 14 juillet, l'agitation n'a guère cessé chez les cheminots. Le 10 août, après une manifestation de près de 1000 personnes à Villeneuve-Saint-Georges, l'Union départementale de la CGT estime le mouvement assez ample pour déclencher la grève générale des cheminots en région parisienne.

Le mouvement se situe d'emblée sur le terrain patriotique : «Que la grève générale devienne effective ! Mort aux boches et aux traîtres ! Les Alliés doivent entrer dans un Paris libéré.» Le CPL joue un rôle déterminant dans le déclenchement de ces grèves. Il décide de les étendre à d'autres corps de métier.

Le 15 août, c'est la grève de la police, suscitée à l'origine par le Front national, bientôt rejoint par les autres mouvements de Résistance au sein de la police, Police et Patrie (Yves Bayet) et Honneur de la police, au motif que les Allemands ont désarmé les policiers d'Asnières et de Saint-Denis. Rol lance un appel à toutes les forces de l'ordre, leur enjoignant de se ranger aux côtés des FFI; il obtient une déclaration commune des trois mouvements.

Une des préoccupations essentielles des Parisiens cet été-là est le ravitaillement. On a de plus en plus faim. Les rations sont constamment réduites. Les prix au marché noir ne cessent de monter à mesure que le front se rapproche de Paris. Les tickets d'approvisionnement ne sont pas toujours honorés ; après des heures d'attente, les ménagères rentrent chez elles, le panier vide.

GRÈVE GÉNÉRALE
CHEZ LES CHEMINOTS

Les postiers et les infirmiers se mettent en grève le 18 août. La BBC encourage le mouvement. L'arrêt des usines, le sabotage des voies ferrées, le noyautage des administrations paralysent progressivement la vie économique de la capitale : le charbon manque, le gaz est supprimé, les coupures d'électricité se multiplient. Paris est au bord de l'asphyxie. La pénurie de transport s'aggrave. Les étalages se vident : plus de viande, les légumes se font rares. Il n'y a rien pour cuire les aliments. Les souffrances des Parisiens vont galvaniser les énergies, la colère gronde.

Tract du Front national appelant les cheminots à la grève. Le mouvement est largement suivi, compromettant le ravitaillement.

Alors qu'avant guerre Paris recevait 1 200 000 litres de lait par jour, il n'en reçoit plus que 220 000 en juillet 1944. Ici, un paysan, perdu dans la capitale, cherche à vendre sa vache. Nourrissons et adultes sont victimes de carences alimentaires. La tuberculose fait des ravages. Lors du déclenchement de l'insurrection, le 19 août, il ne reste des stocks de pain que pour cinq jours dans les boulangeries, à condition de ramener la ration quotidienne à 200 grammes. «C'est un Paris affamé, désœuvré, immobilisé et fiévreux qui attend avec impatience ses libérateurs.»

Les soubresauts de Vichy

La victoire de Charles de Gaulle n'est totalement sûre. L'exemple de 1943 en Italie, où l'on a vu le Grand Conseil fasciste renverser Mussolini et nommer le maréchal Badoglio, reconnu par les Américains, laisse quelques espoirs au gouvernement de Vichy. Pétain envisage une entente avec le général de Gaulle et charge l'amiral Auphan de prendre contact avec lui. De Gaulle refuse toute négociation. Contrairement à Pétain, Laval, chef du gouvernement de Vichy, auquel le maréchal a abandonné la plupart de ses pouvoirs depuis 1942, veut éviter l'arrivée du général de Gaulle au pouvoir. Pour Laval, l'homme de la situation est Edouard Herriot, président de l'Assemblée nationale jusqu'en juillet 1940. Il va le chercher à Nancy, où Herriot est assigné à résidence

Ce tract antivichyste d'août 1944 est issu des Mouvements unis de Résistance (MUR), nés le 26 janvier 1943 de la fusion de trois mouvements de résistance de zone sud – Combat, Libération et Franc-Tireur – sous l'impulsion de Jean Moulin, délégué du général de Gaulle en métropole. Un an plus tard, le 5 janvier 1944, les MUR intègrent une partie des mouvements de zone nord et deviennent le Mouvement de libération nationale.

L'heure des règlements de compte approche.

Vos sympathies germanophiles sont connues.

M

LA RESISTANCE FRANCAISE vous communique :

L'heure des règlements de compte approche.

Vos sympathies germanophiles sont connues.

La IVᵉ RÉPUBLIQUE ne vous oubliera pas si vous persistez dans votre attitude.

Les Mouvements Unis de Résistance

dans une maison de santé, et l'installe à l'Hôtel de Ville chez le préfet de la Seine. Il veut utiliser son autorité pour convoquer l'Assemblée et désigner un gouvernement de transition. Herriot se montre très réticent ; les nazis mettent fin à la comédie et le déportent en Allemagne. C'est l'échec des ultimes manœuvres de Vichy.

Avant de prendre, le 17 août, le chemin de l'exil, Laval profite de ses derniers instants de liberté pour confier le maintien de l'ordre, le soin

Pierre Laval, le 19 août, et le maréchal Pétain, le 20, sont emmenés au château de Sigmaringen (au sud de Stuttgart) par les SS. Pétain a remis au nonce apostolique une protestation «contre cet acte de force qui [le] place dans l'impossibilité d'exercer [ses] prérogatives de chef de l'Etat français». A droite, le général von Choltitz.

de recevoir les Alliés et celui de représenter le gouvernement français à Bussière et Bouffet, respectivement préfet de police et préfet de la Seine, assistés de Pierre Taittinger et de Victor Constant, présidents du conseil municipal de Paris et du conseil général de la Seine. Le 20 août, le maréchal Pétain quitte la France sous escorte allemande à destination de Sigmaringen, où il rejoint les membres de son défunt gouvernement. Contrairement à une idée reçue, les Américains ont laissé aux Français la liberté de choisir leur gouvernement.

Les forces allemandes

Depuis l'attentat manqué contre Hitler, le 20 juillet 1944, le personnel militaire compromis à Paris a été renouvelé. Boineburg-Lengsfeld a été remplacé par le général von Choltitz à la tête du Gross Paris. Choisi pour ce poste en raison de son efficacité et de sa loyauté, von Choltitz a reçu son nouveau commandement des mains même de Hitler, dans son bunker de Rastenburg, le 7 août. Issu d'une grande famille de soldats et de propriétaires terriens de Silésie, il a pris part aux campagnes de Pologne et de Russie – où il s'est distingué au siège de Sébastopol, en juillet 1942. Von Choltitz a subi l'assaut des Alliés en Italie puis en Normandie. Lorsqu'il arrive, le 9 août, à Paris, il a cinquante ans.

Le commandant du Gross Paris dispose de troupes de sécurité constituées de quatre régiments de soldats âgés. On lui affecte un détachement de dix-sept chars de la division PanzerLehr, un bataillon de choc de la Ire armée et des batteries de la 1re brigade de DCA.

En réponse à la montée de l'insurrection, von Choltitz a fait placarder sur les murs de Paris une affiche où il s'affirme disposé à maintenir l'ordre, «par les mesures de répression les plus sévères, les plus brutales». Les résistants s'impatientent, mais restent divisés sur la marche à suivre : faut-il agir immédiatement, au risque d'un bain de sang, ou attendre les Alliés ?

CHAPITRE II
L'INSURRECTION

L'action des FFI est triple : occuper les édifices publics, harceler les patrouilles allemandes et construire des barricades. Ils font fabriquer des bouteilles incendiaires – cocktails Molotov – entre autres à l'Ecole polytechnique et dans le laboratoire Joliot-Curie au Collège de France. Bref, il leur faut tout mettre en œuvre pour mener le peuple de Paris à l'insurrection.

FORCES FRANÇAISES DE L'INTÉRIEUR

RÉGION DE PARIS

ORDRE DE RÉQUISITION

En accord avec le Comité Parisien de la Libération, il est décidé la réquisition du dixième des stocks officiels d'essence et de la totalité des stocks clandestins.

De plus, la totalité des stocks d'acide sulfurique et de chlorate de potasse seront mis à la disposition des chefs F.F.I. à tous les échelons qui réaliseront la réquisition avec l'aide de tous mouvements, forces et représentants de la résistance.

Ceci dans le but de fabriquer des bouteilles incendiaires anti-chars, anti-blindés, etc...

Composition d'une bouteille incendiaire :

3/4 d'essence
1/4 d'acide sulfurique

Agiter le tout jusqu'à dégagement complet des gaz.

Ensachez la bouteille dans un cornet de papier fort encollé à l'intérieur, saupoudrez fortement de chlorate.

Le bris de la bouteille ensachée sur l'objectif met l'acide en contact du chlorate et provoque l'inflammation du mélange et l'incendie du véhicule ou du char visé.

Le 21 Août 1944.

Le COLONEL,
Chef Régional des F.F.I.
Signé : ROL

L'appel à la mobilisation

Le 17 août 1944, 1 500 fonctionnaires manifestent place de l'Hôtel de Ville. Au sein du CPL, André Tollet est favorable à l'appel aux armes, Deniau et Hamon sont plus réservés. Au sein de la Délégation générale, on est très réticent à déclencher l'insurrection. Alexandre Parodi et Jacques Chaban-Delmas désirent certes permettre à la Résistance intérieure de participer à la libération de Paris, mais avec le minimum de destructions et en évitant l'hécatombe. De retour de Londres le 16 août, Chaban est porteur de consignes précises de Kœnig à savoir ne pas déclencher une insurrection prématurée.

Le 10 août pourtant, les FTP ont lancé un appel «Tous au combat ! […] En avant pour l'insurrection nationale ! Marchez au canon !» Le vendredi 18 août dans l'après-midi, la CGT et la CFTC appellent tous les travailleurs à la grève. Le CNR est consulté, et, sur la proposition de Georges Bidault, décide de soutenir ces initiatives. Le soir, les commandants de la garde républicaine et de la gendarmerie de la Seine se placent sous ordres de la Délégation générale.

Dans la soirée, le colonel Rol-Tanguy décrète l'ordre de mobilisation générale en exécution des consignes du CNR et en accord avec les décisions du CPL. Ordre est donné à tous les Parisiens de rejoindre les FFI. Une affiche est apposée sur les murs de Paris.

Le 18 août, est affiché, sur les murs de Paris, l'ordre de mobilisation du colonel Rol-Tanguy. Au même moment apparaissent deux autres affiches, l'une de la CGT et de la CFTC, invitant à la grève générale, et l'autre des élus communistes, appelant les Parisiens à s'insurger. «A l'Est, la glorieuse Armée rouge allonge la liste de ses victoires. En France, la bataille approche de la capitale.»

Le Commandement de la Région de Paris des F.F.I. à la population parisienne

En exécution des ordres du Comité d'Action Militaire du Conseil National de la Résistance (C.O.M.A.C.) et en accord avec les décisions du Comité Parisien de la Libération (C.P.L.).

Le Commandement de la Région de Paris des Forces Françaises de l'Intérieur ordonne :

1°. - Tous Français et Françaises valides doivent se considérer comme mobilisés. Ils doivent rejoindre immédiatement les formations F.F.I. ou les Milices Patriotiques de leur quartier ou de leur usine.

2°. - Les formations ainsi constituées doivent :

s'armer par tous les moyens, en particulier en récupérant le matériel des soldats ennemis;

attaquer l'ennemi partout où il se trouvera, dans la rue, dans ses locaux ;

attaquer ses postes de garde, ses véhicules, ses dépôts de carburant ;

s'emparer de ses dépôts de ravitaillement;

protéger les services publics (eau, gaz, électricité), contre toute tentative de destruction de l'ennemi.

PARISIENS !
Vous resterez fidèles à votre passé de gloire.
Redoublez d'efforts.

FRANÇAIS, DEBOUT, TOUS AU COMBAT!
(Général de Gaulle, 5-6-44)
LA VICTOIRE EST PROCHE

Les décisions d'Alger

Il est certain que le mot insurrection, par sa connotation révolutionnaire, fait peur à beaucoup. Le Gouvernement provisoire à Alger redoute une insurrection non contrôlée. Quelles qu'aient été les intentions des Résistants, dont l'objectif est de

Peuple de Paris !

Le jour tant attendu est arrivé.
Les troupes Françaises et Alliées sont aux portes
de Paris.
Le devoir simple et sacré pour tous les Parisiens est
de se battre.
L'heure de l'insurrection nationale a sonné!

participer à leur propre libération, et de préparer l'arrivée du général de Gaulle, celui-ci entend contrôler les événements.

Le noyautage et l'épuration de l'administration parisienne revenant au CPL, il lui appartenait de pourvoir au remplacement des préfets. Mais les précédents de 1830, 1848 et 1870 laissent

Les partisans de l'insurrection précipitent la décision des responsables de la Résistance. Le CPL et le CNR entérinent les décisions des FFI. Le CPL lance le 19 août un appel : «Vive l'insurrection nationale! Vive le GPRF et son président le général de Gaulle! Vive la République! Vive la France!»

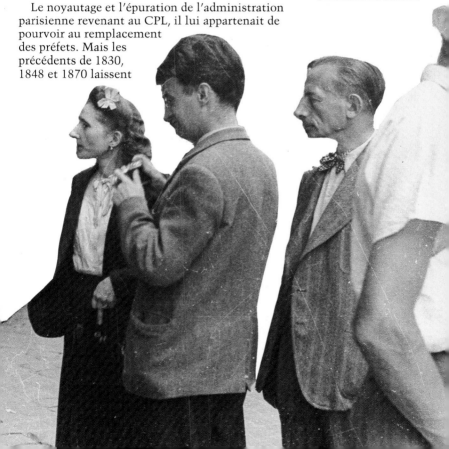

craindre une prise de pouvoir au sein de la capitale. Or le Gouvernement provisoire, par l'intermédiaire de la Délégation générale, veut rester maître de Paris et a tendance à renforcer l'exécutif. C'est dans ce contexte qu'intervient la nomination des préfets : Marcel Flouret (ancien directeur de cabinet au ministère du blocus) pour la Seine et Charles Luizet

R ol-Tanguy, ici avec son état-major, a installé son poste de commandement sous le lion de Belfort, place Denfert-Rochereau. C'est un abri à vingt six mètres de profondeur que la défense passive a organisé en 1939. Il communique par des galeries souterraines avec la gare de Sceaux et les catacombes, et dispose d'un réseau téléphonique relié à tous les postes du service des eaux et des égouts. Ce PC est inconnu des Allemands.

(premier préfet de la Corse libérée) pour la police. Ces nominations suscitent de vives protestations au sein du CPL non consulté et qui avait son propre candidat pour la préfecture de la Seine, Georges Marrane, ancien président du conseil général.

Quels q'
trève moment:
insigne : br:
des lettres l
le drapeau f:

Le Colonel Chef Régiona

signé : R[FIF.

Le 19 août, premier jour de l'insurrection

L'initiative vient de la police. Le commandement allemand a donné l'ordre aux policiers de reprendre leur service. Prévenus dans la nuit, 2 000 policiers occupent la préfecture de police au matin du 19 août. Bussière, le préfet de police est arrêté. Rol se rend sur les lieux pour soutenir les insurgés et leur prescrire le brassard FFI. L'ordre général d'insurrection nationale, lancé quelques heures avant, rappelle à chacun sa mission : patrouilles dans Paris, occupation des bâtiments publics, usines, gares… enfin «ouvrir la voie de Paris aux armées alliées victorieuses et les y

B rassard FFI, muni de la croix de Lorraine. «Les forces de police, de la gendarmerie, de la garde républicaine, des gardes mobiles sont intégrées dans les FFI.»

accueillir». Les policiers accueillent Charles Luizet et hissent les couleurs, invitation au ralliement et au soulèvement.

Dans l'après midi, le poste de commandement du chef des FFI d'Ile-de-France sera transféré de la rue de Meaux, dans le XIXe arrondissement, au 9, rue Schœlcher (XIVe arrondisement), dans les souterrains d'un immeuble du service de l'assainissement, relié par un réseau téléphonique indépendant avec les différents postes d'égout de la capitale. L'emplacement choisi tient également compte de la marche des armées alliées attendues par le sud de la capitale. En juin, à une réunion du COMAC, Chaban-Delmas a signalé à Rol que l'unité poussée en avant la première serait la 2e DB.

L'initiative de la police s'accompagne d'autres opérations. Les premières fusillades éclatent. Les

Charles Luizet, fervent gaulliste, est le premier préfet de la Corse libérée en octobre 1943.

ent les évènements, y compris armistice ou les F.F.I. ne doivent arborer qu'un seul officiel tricolore, timbré sur le blanc , et qu'un seul fanion, qu'un seul drapeau, s

milices patriotiques s'emparent des Halles et de la poste centrale de la rue du Louvre. Les FFI passent à l'attaque dans les Ier et XIIIe arrondissements, à Saint-Denis, Neuilly, Vitry et Aubervilliers. Observant les directives du CPL, les comités locaux de libération occupent les mairies d'arrondissement. Parfois, les choses se passent de la manière la plus simple : une

Outre Rol, le commandant en chef, l'état-major des FFI se compose de Roland Cocteau, industriel, officier de réserve, dit le commandant Gallois ; quatre chefs de bureaux et de cinq gendarmes pour la protection. Lorsque l'ordre d'insurrection est lancé, ils revêtent leurs uniformes, enfilent le brassard officiel. Le téléphone joue un grand rôle, les lignes allemandes sont coupées.

délégation du comité local de libération arrive, l'équipe en exercice lui cède la place de bon gré. Dans le XIXᵉ arrondissement, elle se met spontanément à sa disposition. En banlieue est, les mairies de Montreuil, des Lilas, de Bondy sont prises dès le vendredi 18 par des FTP. L'occupation des édifices gouvernementaux doit être exécutée sous les ordres d'Alexandre Parodi. Pour assurer l'intérim avant l'arrivée des ministres du Gouvernement

provisoire, chaque ministère sera confié à un secrétaire général, rejoint par un officier de police à un relais prévu, accompagné d'un détachement armé, et qui n'aura plus qu'à prendre possession de l'édifice déserté. Mais les consignes du Délégué général sont parfois devancées : l'Elysée est occupé par un détachement de gardes de la caserne de Penthièvre ; l'hôtel Matignon est libéré par une centaine d'hommes du groupement spécial de protection chargé de la sécurité de Laval, ayant choisi l'insurrection.

Des véhicules sont réquisitionnés pour organiser des patrouilles FFI, ayant pour mission «d'attaquer les Allemands isolés ou les détachements légers, et de créer un état d'insécurité permanent chez l'ennemi, et d'interdire tous ses mouvements».

A l'Hôtel de Ville, flotte le drapeau tricolore. Pierre Taittinger, le président du conseil municipal, a été consigné dans ses locaux, mais Bouffet est toujours en place. Le 20 à l'aube, Léo Hamon, du CPL, et une poignée d'hommes investissent l'Hôtel de Ville sans grande difficulté, avec l'aide de quelque 200 agents résistants. Bouffet est arrêté. La défense est confiée à Leperc de l'OCM, assisté de Roger Stéphane. L'après-midi, Flouret, le nouveau préfet, s'installe. L'opération est politique : préfecture de police et préfecture de la Seine sont désormais dirigées par des hommes nommés par la Délégation générale. Dans les premières vingt-quatre heures de l'insurrection, les actions de guérilla qui éclatent en divers points de la capitale sont menées par les groupes FFI d'arrondissement. Le 19 reste une journée de mobilisation. Mais l'effet de surprise joue à plein. Les insurgés s'emparent de dépôts d'armes, prennent à l'ennemi des camions isolés, s'assurent le contrôle du réseau téléphonique.

L'Allemand est le premier fournisseur d'armes, ce qui explique le très grand nombre de fusils et de mitraillettes Mauser. Les FFI s'en emparent dans des dépôts ou sur des ennemis.

Franc-Tireur
À L'AVANT-GARDE DE LA RÉPUBLIQUE

LIBÉRATION
Rédaction, Adm., 37, r. du Louvre, Paris (2ᵉ)   **ÉDITION DE PARIS**   Tél.: TUR. 52-00 (15 lignes groupées)

ÉDITION DE 5 HEURES

₵OMBAT
DE LA RÉSISTANCE A LA RÉVOLUTION

Dans la soirée du 21 août, Parodi donne l'autorisation aux journaux de la Résistance de paraître au grand jour : *Combat,* dont l'une des plus brillantes plumes est indéniablement Camus ; *Libération*; *Le Front national*; *Défense de la France*; *l'Humanité*; le *Populaire*; le *Parisien*; et l'éphémère *Journal des FFI*.

Presse clandestine, presse libre

La plupart des immeubles destinés à l'Information sont aussi occupés le samedi 19 et dimanche 20 août. Les résistants de la radio se trouvent déjà dans la place au 37, rue de l'Université. Dès 1942, Pierre Schaeffer a fondé un studio d'essai destiné à tester de nouvelles émissions et former des techniciens. Il a également rassemblé pour le jour de la Libération des disques enregistrés, chants nationaux, musique interdite. Philippe Henriot, ministre de l'Information du gouvernement de Vichy, l'a renvoyé, mais son équipe est restée.

La presse collaborationniste cesse de paraître le 18 août. Le même jour, les journaux collaborationnistes (*La Gerbe*, rue des Pyramides ; *Je suis partout*, rue de Rivoli ; *L'Intransigeant*, rue Réaumur) sont occupés. Le 20, les rédacteurs des titres de la Résistance occupent les locaux qu'on leur a attribués. *Le Soir*, *Le Front national*, *Libération* se partagent l'immeuble de *Paris-Soir*, rue du Louvre ; *Combat*, *Franc-Tireur*, *Défense de Paris*, celui de *L'Intransigeant* ; *Le Populaire* et *Libération-Soir* s'installent dans celui du *Matin*, à l'angle du boulevard Poissonnière et de la rue du Faubourg-Poissonnière et *L'Humanité* dans celle du *Petit-Parisien*, rue d'Enghien. Dans la presse, le mot d'ordre est : «Typos à vos machines ! Au marbre, rédacteurs ! Roulez rotatives ! A vos cycles, camelots ! Et que partout à travers la ville, les feuilles incendiaires enflamment les Parisiens…»

Menaces sur l'insurrection

Mais la délégation vit des heures d'inquiétude et Alexandre Parodi interdit la sortie des journaux et les émissions radio. C'est contraint

Dans la nuit du 20 au 21, le central de radio-diffusion, rue de Grenelle, est occupé. Le poste y a été laissé en bon état. Les émissions clandestines sont diffusées. Un système de guet est mis au point dans un périmètre de sécurité de deux cents mètres. L'appel aux armes est diffusé par radio. Le 23 août dans l'après midi, Pierre Crénesse diffuse son premier reportage en direct. Au studio d'essai de la rue de l'Université, la voix de la nation française se fait entendre par l'intermédiaire de Pierre Schaeffer dès le début de l'insurrection. Les reportages ont été diffusés en direct : le discours de Bidault à l'Hôtel de Ville, le 25 août au soir, l'entrée de la 2e DB, le défilé. Désormais, la BBC n'a plus le monopole des messages à l'intention des insurgés. Le drapeau tricolore flotte sur l'antenne de la tour Eiffel.

5 HEURES DU MATIN   EDITION PARISIENNE

'Humanité

ORGANE CENTRAL DU PARTI COMMUNISTE FRANÇAIS
FONDATEUR : JEAN JAURÈS   RÉDACTEUR EN CHEF (1926-1937) VAILLANT-COUTURIER

qu'il a accepté le déclenchement de l'insurrection, pour préserver l'unité de la Résistance, et tout comme son adjoint militaire, Chaban, il est très réservé. Celui-ci presse le général Kœnig d'intervenir auprès des Alliés :

Plus de 1 000 combattants sont retranchés dans l'Hôtel de Ville pris le 20 août à l'aube à l'instigation de Léo Hamon : «Des grappes humaines viennent demander des instructions de tous les coins de la maison et les renseignements les plus baroques. On tire sur la place, mais l'huissier du préfet s'adresse à tous avec angoisse pour savoir s'il doit revêtir son habit de cérémonie et sa chaîne. […] Aux fenêtres nos FFI déchargent leurs mitraillettes sur des camions allemands qui passent. A 17 heures 30, une grosse Panhard traverse en trombe la place déserte et pénètre dans l'Hôtel de Ville. Les FFI sont au garde à vous tout le long de l'escalier d'honneur. Dans le silence, une voix crie : "M. Flouret, premier préfet de la Seine nommé par le gouvernement de la République." Le préfet sourit.»

«Si c'est impossible, il serait urgent, *primo* de nous prévenir pour les consignes à donner, *secundo* d'avertir la population de façon nette par la BBC pour éviter un nouveau Varsovie.» Selon certains renseignements, plusieurs divisions allemandes se repliant du front de Normandie doivent traverser la Seine aux environs de Paris.

A bas Hitler Rend

Les balles sifflent devant l'Hôtel de Ville; des chars allemands passent, tirent. Des banderoles sont tendues rue de Rivoli à l'attention des ennemis, leur demandant de déposer les armes et de cesser le combat.

Et les Américains n'entendent pas modifier leur stratégie et se porter sur la capitale. Chaban propose d'envoyer au QG d'Eisenhower, avec lequel il est en liaison directe, un nouvel appel pour que les Américains accélèrent leur marche.

L'occupant, quant à lui, commence à réagir. Les FFI perdent Neuilly, ainsi que les mairies des Ier et XXe arrondissements. Des tracts rédigés à l'intention des soldats allemands : «Vous ne pouvez plus tenir Paris… Assez de sang, rendez vos armes pour que votre vie soit épargnée, évitez des vengeances justifiées, toute action est un double crime contre le peuple français et le peuple allemand» n'ont pas grand effet.

Les combats s'étendent à la place et au boulevard Saint-Michel. Dans l'après-midi, les Allemands ont tenté par deux fois de reprendre la préfecture. Les insurgés n'ont plus de munitions que pour quatre ou cinq heures. La disproportion des moyens inquiète Parodi, Hamon et Chaban.

La trêve

Sans consulter Rol-Tanguy, Parodi donne l'ordre d'évacuer la préfecture de police, mais le Comité de libération de la police refuse. C'est à ce moment qu'entre en jeu Raoul Nordling, consul de Suède. Le 17 août, il a déjà obtenu la libération de quelque 3 000 prisonniers politiques. Dans la matinée du 19, il s'est entretenu avec von Choltitz. Les deux hommes ont évoqué l'occupation des édifices publics par les résistants. En fin d'après-midi, Nordling reçoit un appel téléphonique de la préfecture de police ; son correspondant lui demande de servir d'intermédiaire auprès des Allemands pour obtenir une suspension d'armes. Au soir du 19, à la suite d'échanges

Le 19 août, des combats se déroulent aux abords de la préfecture de police, place Saint-Michel notamment, où tous les endroits susceptibles de fournir des retranchements utilisables pour la guerre de rues sont occupés. Aux abords de Paris, le dépôt de la Villette tenu par les cheminots en grève est attaqué par six cents Allemands.

téléphoniques entre von Choltitz et Nordling, une trêve de cinquante minutes est conclue verbalement pour les abords immédiats de la préfecture. Dans la nuit, la trêve s'étend à tous les édifices occupés par la Résistance.

En fin de matinée le 20 août, des tracts diffusés par des voitures de la police et de la Feldgendarmerie annoncent la trêve. Parodi adresse une proclamation aux Parisiens : «L'ennemi qui, hier encore, refusait de reconnaître notre armée de l'intérieur a demandé une trêve... Que chacun demeure à son poste et exécute les ordres... Le combat continue, vive le général de Gaulle...» Les chefs FFI reçoivent l'ordre «donné par le Gouvernement provisoire et par le CNR de suspendre le feu contre l'occupant jusqu'à l'évacuation promise de la capitale». La trêve sera peu respectée de part et d'autre.

L'ensemble de la Résistance est hostile à cette initiative parce que la plupart de ses membres n'a pas été consultée. De violents débats opposent le dimanche 20 et le lundi 21 août adversaires et partisans de la trêve; d'un côté, les membres du bureau du CNR, du COMAC, du CPL, l'état-major FFI, de l'autre la Délégation générale et Léo Hamon. Rol et Lizé rappellent que «tant que les Allemands restent à Paris, le devoir est de les combattre». Ils font placarder un avis suivant lequel aucune trêve n'a été conclue entre le commandement français et le commandement ennemi; André Tollet crie à la trahison. Le 20 août à l'initiative de Carrel, le parti communiste, le Front national, l'union des syndicats, les FTP signent un appel commun : «Ceux qui se battent depuis trois ans, dans les rangs des FFI, ceux qui se battent depuis plusieurs jours, ne sauraient cesser le combat, tant qu'un seul boche reste encore en liberté sur le sol de la capitale... Pratiquez la guérilla, attaquez les boches partout où vous le

Raoul Nordling, Parisien depuis 1912, marié à une Française, succède à son père au poste de consul de Suède. Son rôle de médiateur auprès des Allemands pour la conclusion de la trêve des 19 et 20 août n'aura que peu d'effet sur les insurgés.

Le 20 août, des voitures occupées par des FFI munis de brassard, diffusent par hauts parleurs un message, rédigé par Léo Hamon, annonçant la trêve.

COMMUNIQUÉ F.F.I. 20 AOUT, 16 h.

Il n'est absolument pas question de cesser le feu. Les chefs sont invités, en conséquence, à s'en tenir aux ordres donnés précédemment.

Chaque véhicule FFI est suivi par un véhicule allemand : «En raison des promesses faites par le commandement allemand de ne pas attaquer les édifices publics, [...] le GPRF

CONSIGNES

Consignes à toutes les Forces Françaises de Paris :

Gardez dans tous les cas les effectifs conquis.

Respectez en tout état de cause les positions conquises.

Attendre les ordres de :

Comité National de la Résistance
Comité parisien de la Libération
Forces françaises de l'Intérieur

pouvez»; l'appel porte en exergue une citation du général de Gaulle. Pour les révolutionnaires et pour beaucoup de militants de base, la trêve est le résultat de tractations aboutissant à l'arrêt d'un mouvement déjà lancé.

Parodi et ses deux adjoints, Laffon et Roland Pré, sont arrêtés. Conduits chez von Choltitz, ils se présentent comme les ministres du général de Gaulle;

et le CNR vous demandent de suspendre le feu contre l'occupant jusqu'à l'évacuation totale de Paris.»

convoqué, Nordling s'en porte garant. Le général allemand tend la main au délégué général qui la refuse. Finalement les trois hommes sont libérés. A l'issue d'une nouvelle réunion houleuse du CNR, la trêve est prolongée jusqu'au 22 à 16 heures. Mais pour ne pas rompre la cohésion de la Résistance et permettre l'arrivée du général de Gaulle dans un Paris libéré, Parodi consent, le 22 au matin, à une reprise générale des combats, qui n'ont pas véritablement cessé.

Les barricades

Malgré la trêve, la place Pereire, la place Saint-Augustin, le Sénat sont le théâtre d'engagements sanglants. Dans la soirée, les premières barricades sont édifiées au carrefour Saint-Germain-Saint-Michel, dans le secteur entre la Seine et le Luxembourg qui défend l'île de la Cité. Le 22 août, Rol fait afficher un ordre pour la défense de la population parisienne, accompagné d'un appel «Tous aux barricades !» Le même jour, la presse, enfin libre de paraître, diffuse des instructions pour les construire, en rappelant aux insurgés qu'une

L'édification de barricades – comme ici rue de Rivoli – donne un nouvel élan à l'insurrection. Le colonel Lizé transmet «l'ordre formel du commandement d'attaquer à outrance l'ennemi partout où il se trouve» et de recouvrir Paris de barricades. Le 22 août, le colonel Rol-Tanguy formalise l'appel aux barricades. «Les FFI et la population ont engagé la bataille pour Paris. Chaque fois que nos soldats ont respecté la tactique mobile de la guérilla, ils ont écrasé l'adversaire. Cependant un danger subsiste : les mouvements rapides des chars ennemis.»

barricade n'est jamais achevée. Près de 600 barricades surgissent un peu partout. Parisiens et Parisiennes, jeunes et moins jeunes font la chaîne pour se passer pavés, grilles, sacs de sable, tout est bon. L'état-major FFI surveille les travaux. Rol fait même appel au secrétaire du syndicat des terrassiers. L'objectif du commandement est de réduire la circulation allemande. Les barricades n'ont pas pour effet de libérer Paris. Mais elles ont un impact psychologique très grand ; les Parisiens participent à leur propre libération. Paris renoue avec la tradition révolutionnaire de 1830 et 1848 dont les barricades ont valeur de symbole.

L'incendie du Grand-Palais

Le 22 août, Parodi, en tant que ministre délégué et à ce titre président du conseil provisoire, réunit les secrétaires généraux à l'hôtel Matignon. Les problèmes de ravitaillement, de la reprise du travail et du retour à l'ordre sont évoqués. Le jeudi 23, Georges Bidault, rompant avec l'anonymat de la Résistance, rend visite aux défenseurs de la préfecture de police.

"A l'appel de Rol, Paris reprend dans l'allégresse la tradition de la Commune. Ce n'est pas tant une guerre civile, c'est chercher noise aux Allemands. Il y a les barricades des combattants, peu nombreuses, où le guetteur à la bouteille incendiaire attaque le char au ralenti, et qui coûteront cher aux Allemands. Il y a le jeu : une population mêlée qui s'affaire à rassembler matelas, lits, baignoires… grilles et pavés. Il y en a près de 600, dit-on."

Emmanuel d'Astier
De la chute à la libération de Paris,
1965

La bataille fait rage près du Palais Royal, place du Panthéon et place Maubert, rue de Seine, place de la Chapelle. Les Allemands ne se hasardent plus guère que sur les grandes artères. Au matin, ils attaquent, avec cinq chars, le Grand-Palais où se trouve le commissariat central du VIIIᵉ arrondissement. Des obus font exploser les stocks de munitions, déclenchant l'incendie. Les Allemands tailladent les tuyaux que les pompiers mettent en position. A 11 heures 30, les défenseurs ne répondent plus, les FFI sont capturés.

D evant l'Hôtel de Ville, un soldat allemand est tué par les FFI, qui récupèrent son arme.

Les coups de mains pour prendre des armes à l'ennemi se multiplient, alternant avec des combats plus sévères près du Louvre, aux Batignolles, dans le XIVᵉ, aux Gobelins, à la préfecture.

Les intentions allemandes

Le 19 août, Hitler a donné l'ordre à von Choltitz de défendre Paris

inconditionnellement : «Paris doit cesser d'être la ville des embusqués... Aucun homme capable de porter les armes ne doit rester à l'arrière... Tous les hommes mobilisables seront envoyés au front.» Le 22, von Choltitz capte par radio un nouvel ordre, tout aussi ferme, du Führer : «Paris doit être réduit en un monceau de ruines»; le commandant du Gross Paris doit défendre la ville jusqu'au dernier homme et s'il le faut «périr lui-même sous les décombres», enfin «détruire tous les ponts». Contrairement à une

P our éviter l'attaque de leurs soldats isolés, les Allemands ne sortent plus alors qu'avec des éléments blindés ; ici un char Tigre place de Clichy. En raison de l'intensité des combats et après l'édification des barricades, les Allemands privilégient les patrouilles de chars.

légende solidement établie, Hitler n'a jamais prononcé les fameux mots «Paris brûle-t-il?» Il ne souhaite pas préserver Paris, ni répéter l'exemple de Rome, déclarée ville ouverte le 5 juin 1944 par le maréchal Kesselring, ce qui eut pour effet de faciliter la progression des Alliés. Le maréchal Model, commandant des forces allemandes de l'Ouest, dont dépend von Choltitz, lui ordonne, à son tour, de tout mettre en œuvre pour faire sauter les ponts. Celui-ci lui rend compte, le 23, que les ordres de destruction ne peuvent être opérés. La VIIe armée allemande, qui bat en retraite, ne fait que traverser Paris.

Les forces allemandes sont alors concentrées au centre de Paris autour de quelques points d'appui : l'hôtel Majestic avenue Kléber – siège du haut-commandement militaire en France –, les hôtels Meurice et Crillon – sièges du commandement du Gross Paris et de la marine allemande –, englobant le périmètre de la Concorde et du jardin des Tuileries où sont stationnés des chars, l'Opéra pour la Kommandantur, la caserne du Prince-Eugène, place de la République, le Palais Bourbon, le ministère des Affaires étrangères, les Invalides, l'Ecole militaire, le Sénat et la tour Eiffel.

Une colonne allemande attaquée par le commissariat mitoyen du Grand-Palais réplique en lançant deux petits chars robots «Goliath» dont l'un explose juste devant. Un obus met le feu à l'édifice. «Les pompiers arrivent… Aveuglés par la fumée, les assiégés se réfugient dans les caves. Certains échappent, d'autres sont capturés… Il y a un prodigieux coudoiement de pompiers, d'Allemands, de sauveteurs, de prisonniers», témoigne Claude Roy.

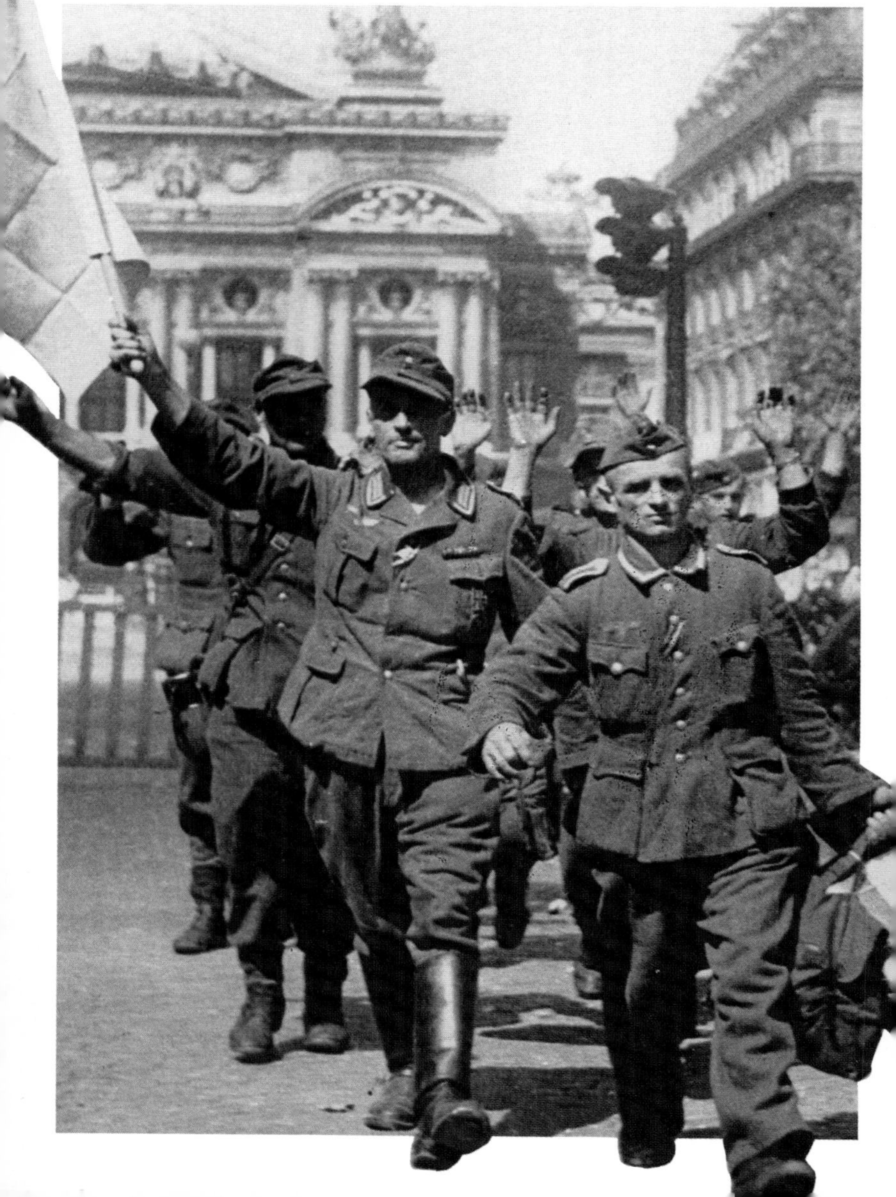

Les insurgés savent bien qu'ils ne peuvent obtenir seuls la capitulation des Allemands. Tous sont convaincus que l'arrivée des Alliés est indispensable. Aussi, à des titres divers et sans qu'il y ait aucune concertation entre les différents responsables, plusieurs émissaires sont envoyés à l'Ouest en direction des Alliés pour les presser de marcher sur la capitale.

CHAPITRE III
LA LIBÉRATION DE PARIS

« Pour eux, la guerre est terminée. » En début d'après-midi le 25 août, alors que la 2e DB vient enfin d'entrer dans Paris, après bien des hésitations de la part des Alliés, l'attaque des places fortes ennemies, comme ici la Kommandantur de l'Opéra, est déclenchée. Les soldats allemands se rendent en masse.

Missions et pressions auprès des Alliés

Dès le 18 août, Rol a envoyé le commandant Devareux – Bressy –, de l'état-major régional, pour informer les Alliés de la situation dans Paris et convaincre les Américains de soutenir la Résistance parisienne, à la veille du déclenchement de l'insurrection. Près d'Etampes, malheureusement, sa camionnette est mitraillée par un avion américain ; ses occupants ignoraient que leur véhicule aurait dû être muni d'une croix blanche. Ils sont tués.

Le 22, le commandant Cocteau – Gallois –, chef d'état-major des FFI d'Ile-de-France, réussit, aidé du docteur Monod, à gagner les lignes américaines. Il expose à Patton la situation dans Paris, insiste sur l'urgence d'un soutien allié à l'insurrection, puis obtient de rencontrer Leclerc qui se trouve à Laval avec le 12e groupe d'armées commandé par le général Bradley.

Le 20 août, le général de Gaulle, arrivant d'Afrique du Nord, se rend auprès d'Eisenhower en Normandie. Ce dernier lui explique que la IIIe armée se dispose à franchir la Seine en deux colonnes ; l'une a déjà atteint Mantes, l'autre arrive à Melun. A gauche, le groupe

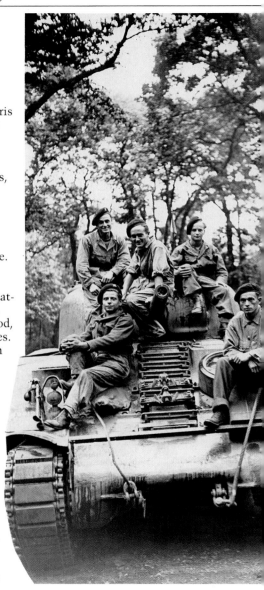

d'armées Montgomery, refoulant la résistance tenace des Allemands, progresse lentement vers Rouen. A droite, c'est le vide. De Gaulle lui exprime sa surprise. Il lui rappelle «l'importance du sort de Paris, qui intéresse d'une manière essentielle le gouvernement français». «Je me vois, lui dit-il, obligé d'intervenir et de vous inviter à y envoyer des troupes. Il va de soi que c'est la 2e division blindée

Les combats que vont livrer les «gars de Leclerc» dans Paris ne sont pas les premiers sur le territoire français. Débarquée à Utah Beach, la 2e DB participe à la bataille de Normandie. Elle est équipée par les Américains ; les blindés sont des Sherman sur lesquels figurent l'insigne de la 2e DB, croix de Lorraine sur fond de carte de la France.

française qui doit être désignée en premier lieu.» «L'affaire était à mes yeux, d'une importance nationale, j'étais prêt à la prendre à mon compte et, si le commandement allié tardait trop, à lancer moi-même sur Paris la 2e DB», confiera de Gaulle.

Volte-face américain

Le 22 août, Eisenhower change d'avis. Il adresse une lettre au général Marshall, chef d'état-major général des forces américaines : «Si l'ennemi essaie de conserver Paris avec une certaine puissance, cela constituera une menace perpétuelle sur notre flanc. S'il nous abandonne généreusement la place, elle tombe entre nos mains, que cela nous plaise ou non.» Pour quelles raisons les Américains font-ils ainsi volte-face ? L'insurrection et la trêve soulignent la faiblesse des

Le général de Gaulle, avec son aide de camp, le lieutenant Guy, rencontre le 20 août le général Eisenhower et tente de le convaincre d'envoyer des forces sur Paris. «D'autant plus que c'est le centre des communications qui vous seront nécessaires pour la suite et qu'il y a intérêt à rétablir dès que possible. [...] Le sort de Paris intéresse d'une manière essentielle le gouvernement français.» Pour l'Américain, la Résistance s'est engagée trop tôt.

Allemands. Les pressions diverses ont dû jouer en s'additionnant. Les services secrets alliés sont intervenus pour montrer l'importance de Paris ; les Français n'ont pas cessé d'insister sur l'urgence de sa libération. Outre les différents émissaires, les arguments du général de Gaulle n'ont pas manqué d'ébranler les convictions d'Eisenhower compte tenu des promesses qu'il lui avait faites en décembre 1943. Par ailleurs, la légitimité du général de Gaulle paraît plus évidente depuis qu'il a été acclamé le 14 juin à Bayeux. Bradley donne l'ordre à Leclerc dans la soirée du mardi 22 août de foncer sur Paris : tout doit être réglé avant le 23 à midi, fin prévue de la trêve. Cette dernière information est erronée, mais c'est celle dont dispose le haut-commandement américain pour prendre sa décision.

La 2e DB, en route vers Paris

Après avoir participé aux côtés des Américains aux opérations de Normandie, la 2e DB passe du commandement de Patton (IIIe armée) à celui de Hodges (Ire armée). Leclerc dépend plus particulièrement du 5e corps d'armée du général Gerow. Du 13 au 19 août, la 2e DB opère dans la région d'Argentan, tandis que les Américains poursuivent leur avancée vers l'est. Le 20 août, le 15e corps US franchit la Seine. On ne comprend que mieux l'exaspération de Leclerc, cloué dans sa mission d'appui d'infanterie, alors qu'au même moment, la population parisienne, qui a connaissance de la progression américaine autour de la capitale, a commencé son mouvement insurrectionnel.

Sans en référer au commandement allié, Leclerc décide, de sa propre initiative, d'envoyer, le 21 août, en direction de Versailles et Paris, un élément léger mais capable de combattre, aux ordres du lieutenant-colonel de Guillebon. Le soir même, il atteint Nogent-le-Roi sans combat ; puis, après vingt-quatre heures de reconnaissance entre Arpajon et la région

Le général Gerow commande le 5e corps d'armée américain auquel est rattachée la 2e DB depuis le 17 août ; il dépend lui-même de la IIIe armée du général Patton. Il apprend, furieux, que Leclerc a chargé la colonne Guillebon d'entrer dans Paris sans son autorisation.

Le capitaine Dronne commande la 9e compagnie du régiment de marche du Tchad, «la Nueve» ainsi nommée en raison de sa forte proportion d'Espagnols.

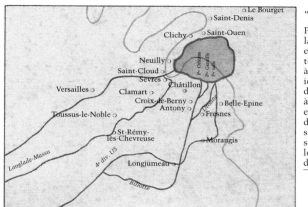

Le Bourget
Saint-Denis
Clichy   Saint-Ouen
Neuilly
Saint-Cloud   Pte Orléans
Sèvres   Pte Gentilly
Versailles   Clamart   Châtillon   Pte Italie
          Croix-de-Berny   Belle-Epine
Toussus-le-Noble   Antony   Fresnes
          St-Rémy-
          les-Chevreuse   Morangis
Langlade-Massu   4e div. US
          Longjumeau
          Billotte

«$\mathbf{F}$ilez droit sur Paris ! Dites aux Parisiens que, demain, la division sera tout entière dans Paris !», tel est l'ordre donné à Dronne par Leclerc, ici en compagnie du colonel Billotte, à Antony, le 24 août en fin de soirée. Les différentes colonnes s'élancent venant du sud-ouest, guidées dans leur progression par des combattants FFI.

nord de Rambouillet, il trouve le contact le 23 près de Trappes, tenue par des unités de la Luftwaffe. Apprenant entre temps que le général de Gaulle est arrivé en France, Leclerc lui envoie un officier pour le prévenir de son initiative : «Depuis huit jours, le commandement américain nous fait marquer le pas... Devant pareille paralysie, j'ai pris la décision suivante : Guillebon est envoyé avec un détachement léger direction Versailles avec ordre de prendre le contact, de me renseigner et d'entrer à Paris si l'ennemi se replie... Je ne peux malheureusement pas en faire de même pour le gros de ma division pour des questions de ravitaillement et afin de ne pas violer ouvertement toutes les règles de la subordination militaire.»

De Gaulle reçoit la lettre au Mans, le 22 vers 12 heures. Il y répond aussitôt en approuvant l'initiative de Leclerc et l'informe qu'Eisenhower lui a promis de fixer Paris comme direction à la 2e DB et que Kœnig est pour cette raison auprès du commandant en chef américain.

Progression et combats de la 2e DB en avant de Paris

Dès le mercredi 23, à partir de 6 heures 30, la 2e DB est en route vers Rambouillet. La division est alors organisée en groupements tactiques, unités combinant l'infanterie, les chars et l'artillerie. Regroupée dans la nuit, elle s'engage le 24 à partir de sept heures sur deux axes : le groupement Billotte se voit confié l'effort principal sur la RN 20, de Longjumeau à la porte d'Orléans ; le groupement Langlade est chargé d'un itinéraire plus à l'ouest, évitant Versailles en passant par la vallée de Chevreuse et visant le pont de Sèvres. La progression de la 2e DB est marquée par de sévères combats à hauteur de Longjumeau, puis de Massy-Wissous, de la vallée de la Bièvre, de la Croix-de-Berny et de Fresnes.

Leclerc rejoint Arpajon dans la matinée. Il est averti que, de Paris, le préfet Luizet veut lui parler. Il lui fait répondre «Tenez bon, nous arrivons !» et double la

Le 24 août dans l'après-midi, un Piper-cub piloté par le capitaine Callet, secondé du lieutenant Mantoux, observateur, lance un message d'encouragement du général Leclerc sur l'Hôtel de Ville.

communication d'un message jeté dans l'après-midi sur la préfecture de police par un Piper-cub (petit avion de reconnaissance). A la tombée de la nuit, les éléments les plus avancés de la 2e DB sont à Bourg-la-Reine, sur l'axe principal (groupement Billotte) et au pont de Sèvres, sur l'axe secondaire (groupement Langlade). Cette situation ne satisfait pas Leclerc qui espérait être dans Paris le soir même.

La colonne du capitaine Dronne

Le 24 au soir, Leclerc piétine d'impatience à la Croix-de-Berny. Ordre est donné au détachement Dronne de gagner Paris pour annoncer l'arrivée de la division tout entière pour le lendemain, vendredi. Le capitaine Dronne a sous ses ordres un peloton de chars moyens réduit à trois unités : le *Montmirail*, le *Romilly*, et le *Champaubert*; deux sections d'infanterie portées par onze *half-tracks* et une section de génie.

Aidée dans sa progression par des FFI, la colonne se glisse à travers Fresnes, l'Haÿ-les-Roses, Bagneux,

A l'image de chaque colonne de la 2e DB entrant dans Paris, le groupement Noiret reçoit un accueil triomphal à la porte de Châtillon : «Il n'y a plus d'ennemi, mais une route de gloire, une foule, flot qui bat la route de fleurs et de drapeaux.»

« Levons la tête, serrons-nous fraternellement les uns contre les autres et marchons les mains dans les mains, par le combat et par la victoire, vers de nouvelles destinées. »

Charles de GAULLE
(Discours du gouvernement provisoire de la République française
14 juin, 11 juillet 1944)

Édition de 5 heures du matin

PREMIÈRE ANNÉE - N° 3

Le Parisien Libéré

JEUDI 24 AOUT 1944

LE NUMÉRO : 2 FRANCS

Dans la liberté reconqui[...] ce journal continue le comb[...] mené sous l'oppression p[...]

O. C. M.
(Organisation Civile et Militaire)

et par ses revues ou journaux Cahiers - Études pour un[...] nouvelle révolution française l'Avenir ; l'Essor.

VICTORIEUX DERRIÈRE SES BARRICADES
PARIS VA CONNAITRE LA DELIVRANCE

Cachan, Arcueil et le Kremlin-Bicêtre. Dronne atteint la porte d'Italie à 20 heures 45. Ses blindés remontent l'avenue d'Italie, descendent le boulevard de l'Hôpital, soulevant au passage des cris de joie, franchissent le pont d'Austerlitz, longent le quai Henri-IV, atteignent l'Hôtel de Ville à 21 heures 22 et se rangent en hérisson sur la place sous les acclamations de la population. Apprenant la nouvelle, Georges Bidault, en train de dîner, se lève et crie : «Les premiers chars de l'armée française franchissent la Seine au cœur de Paris.» Au milieu des ovations et des accents de la *Marseillaise*, Dronne est reçu par les

L a presse donne enfin libre cours à son enthousiasme (ci-dessus la une du *Parisien libéré*). La joie de la population est à la mesure de l'impatience qu'elle a manifestée les derniers jours. Ci-dessous, elle se masse sur la place Victor-Hugo où se range le groupement Langlade, dont fait partie le capitaine Massu, chargé d'opérer le nettoyage dans l'ouest de Paris.

états-majors du CNR et
du CPL.

Depuis la veille, les
Parisiens sont informés par
les journaux de l'avancée de
la 2ᵉ DB. Au studio d'essai de
la rue de Grenelle, Pierre
Schaeffer fait aussitôt
connaître la nouvelle aux
Parisiens et demande aux
curés de faire sonner les
cloches de toutes les églises.
La 2ᵉ DB, qui veille quelques

kilomètres au sud, apprend ainsi que Dronne a rempli
sa mission.

L'arrivée de la colonne Dronne devant l'Hôtel de Ville. Georges Bidault, le président du CNR, très ému; les larmes aux yeux, s'écrie : «Mon capitaine, au nom des soldats sans uniforme de France, j'embrasse en vous le premier soldat français en uniforme pénétrant dans Paris.»

L'arrivée de Leclerc

Le vendredi 25, le soleil succède aux averses de la
veille. La route est libre. Le groupement Billotte suit
l'itinéraire de Dronne et se dirige directement sur la
préfecture avec l'ordre d'intervenir aussitôt sur les
Tuileries, la Concorde et l'hôtel Meurice. Le
groupement Dio met en route deux colonnes : Noiret
passe par les boulevards extérieurs pour se rabattre
sur le Champ-de-Mars. A midi, le drapeau tricolore
flotte sur la tour Eiffel. Rouvillois, s'assurant au
passage des ponts principaux, converge par les
Invalides vers le palais Bourbon et le quai d'Orsay. Le
groupement Langlade atteint en début d'après-midi
l'avenue Victor-Hugo, l'action principale se portant
sur l'hôtel Majestic, avenue Kléber, dont la garnison
allemande finit par se rendre au commandant
Massu. Puis les chars de Langlade

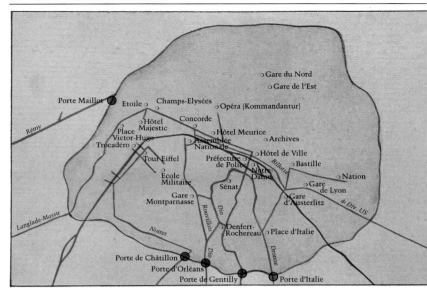

descendent les Champs-Elysées et font jonction avec ceux de Billotte qui les remontent après avoir nettoyé la place de la Concorde. Le général Leclerc veut d'abord s'assurer de larges itinéraires et obtenir la reddition de von Choltitz. La réduction des autres îlots de défense allemands viendra ensuite. Pendant ce temps, la 4e division américaine aux ordres du général Barton entre dans Paris. Le reste des unités patrouillent et nettoient l'est de la ville suivant une ligne porte d'Italie-place de la Bastille. Le samedi 26, la 4e division US se rassemble dans le bois de Vincennes, pour reprendre, l'après-midi du 27 août, sa progression vers le nord-est.

Suivi du goupement Dio prêt à intervenir, le général Leclerc s'est réservé avec son escadron de protection la porte d'Orléans et la gare Montparnasse. Chaban, suivant l'ordre du général Kœnig, se porte à sa rencontre. L'impression est forte : «Sans l'avoir

Leclerc entre dans Paris par la porte d'Orléans : «Nous nous frayons un passage jusqu'à la gare Montparnasse. La place disparaît sous les visages frénétiques et les bras levés. Une immense clameur nous étreint.»

jamais vu, je reconnus Leclerc à son air de commandement et à son regard, à la fois doux et pénétrant, un regard inoubliable.» Chaban le guide à bord de son *scout-car*, jusqu'à la gare Montparnasse. Leclerc va bientôt reporter toute son attention sur von Choltitz.

La reddition de von Choltitz

A 10 heures, le colonel Billotte a envoyé un ultimatum au commandant du Gross Paris par l'intermédiaire du consulat de Suède. Faute de réponse, à midi, il décide d'attaquer son QG, l'hôtel Meurice. Au passage, on en profite pour enlever la Kommandantur à l'Opéra. Von Choltitz capitule. Les lieutenants Karcher et Franjoux et le commandant de La Horie l'emmènent à la préfecture de police avec ses officiers, où les attendent Leclerc et Chaban.

"A bord d'un char français [ci-dessous, un char de la 2e DB devant Notre-Dame], nous avons vu liquider les derniers points de résistance ennemis, aux abords de la capitale. Nous avons vu cette foule étonnante qui, à peine le silence rétabli après ces rafales, se déversait dans les rues pour acclamer les chars français. Elle jetait sur nous des drapeaux et des fleurs, traitant par le mépris le danger que faisait peser sur elle l'ennemi qui n'avait plus qu'un souffle. Cher vieux Paris, nous nous attendions à tes acclamations. Nous attendions ces batailles de rues.**"**

La reddition de la Kommandantur

Depuis la préfecture de police, le colonel Billotte lance un ultimatum à von Choltitz : «J'estime qu'au point de vue strictement militaire, la résistance des troupes allemandes n'est pas susceptible d'être efficace. Afin d'éviter toute effusion de sang inutile, il vous appartient de mettre fin immédiatement à la résistance. Au cas où vous jugeriez bon de poursuivre une lutte qu'aucune considération d'ordre militaire ne saurait justifier, je suis décidé à la mener jusqu'à l'extermination totale. J'attends votre réponse une demi-heure après la remise de cet ultimatum.» La Kommandantur, à «14 heures 30, est prise d'assaut par la 11e compagnie, 1er voltigeur, 3e bataillon. Après des salves bien ajustées, tirées de l'avenue de l'Opéra, les Allemands, ayant d'abord incendié leurs bidons d'essence, arborent le drapeau blanc et se rendent les mains levées. Le drapeau hitlérien est lacéré».

Introduit dans la salle des billards, von Choltitz s'assure qu'il est en présence de troupes régulières ; il prend connaissance des termes de la reddition, ne faisant qu'un commentaire : seuls les hommes de la garnison de Paris sont sous son commandement. Blême, le regard affolé, il avale une pilule avant de signer la convention que lui tend le général Leclerc, en présence de Chaban, et de

Von Choltitz écrira une protestation pour la disparition de ses bagages et de son ordonnance (à gauche)!

Rol-Tanguy, de Luizet et de Kriegel-Valrimont.

Une des ampliations de la convention de reddition, sur laquelle Rol-Tanguy a apposé sa signature (ci-contre).

La capitulation signée, encore faut-il la rendre effective. Von Choltitz est transporté, dans le *scout-car* du général Leclerc, à la gare Montparnasse. Les officiers de son état-major suivent péniblement dans un camion des FFI, hués par la foule amassée le long du trajet. Von Choltitz signe une vingtaine d'ordres de «cessez-le-feu» destinés aux autres points d'appui allemands.

La question militaire est réglée ; la question politique, soulevée à la préfecture, trouve sa conclusion à Montparnasse. A la demande de Kriegel-Valrimont et sur l'insistance de Chaban, Leclerc accepte que Rol-Tanguy, ayant pris une large

part dans les combats en tant que chef des FFI, signe une des ampliations de la convention de reddition.

Des missions mixtes partent alors de Montparnasse : un officier allemand accompagné d'un officier français porte, à chaque réduit, l'ordre signé de Choltitz de rendre les armes et de se constituer prisonnier. Certaines de ces missions s'avèrent difficiles : au Luxembourg, le colonel Crépin parlemente deux heures face à un commandant à demi-décidé et une troupe de SS à leurs postes de combat. Le lieutenant Boris, seul avec son chauffeur, voit sortir de la Kriegsmarine, place de la Concorde, trois cents hommes armés, qui se rendent et à qui il doit faire traverser Paris.

En toute hâte, von Choltitz signe des ordres de «cessez-le-feu» (ci-dessus). Pendant ce temps, tout à la joie de la victoire, place de l'Opéra, devant la Kommandantur prise à l'ennemi, les Parisiens brisent les panneaux indicateurs allemands, symbole d'une longue occupation de quatre ans. Paris est rendu à ses habitants. Pour un million d'hommes, c'est le plus beau jour de leur vie.

Le général de Gaulle a préalablement fixé le déroulement de la journée du 25 août et les décisions à prendre dans la capitale : «Cela consiste à rassembler les âmes en un seul élan national, mais aussi à faire paraître tout de suite la figure et l'autorité de l'Etat.» Résolu à ne pas céder une parcelle de son pouvoir, de Gaulle rejoint Leclerc et Rol-Tanguy à la gare Montparnasse.

CHAPITRE IV

LA RECONNAISSANCE POPULAIRE DU GÉNÉRAL DE GAULLE

Le 25 août, à 17 heures, le général de Gaulle arrive au PC de Leclerc à la gare Montparnasse. C'est la reconnaissance des Français. Trois jours plus tard, le général Eisenhower, en compagnie du général de l'air Tedder, se recueille devant la tombe du soldat inconnu : par ce geste, les Alliés reconnaissent le chef de la France libre.

De la gare Montparnasse à l'Hôtel de Ville

«Je félicite Leclerc. Je félicite aussi Rol-Tanguy que je vois à ses côtés. C'est en effet l'action des forces de l'intérieur qui a, au cours des précédentes journées, chassé l'ennemi de nos rues, décimé et démoralisé ses troupes, bloqué ses unités dans leurs îlots fortifiés.» Charles de Gaulle salue avec chaleur les libérateurs de Paris. Mais il reproche au commandant de la 2e DB d'avoir accepté la signature du chef des FFI sur l'acte de capitulation, ce qui est, à ses yeux, contraire à la hiérarchie et procède d'une «tendance inacceptable» : il fait lire à Leclerc une proclamation publiée le matin même par le CNR où celui-ci se donne pour le seul représentant de la nation française et ne fait aucune allusion, ni au gouvernement, ni au chef de la France combattante. Leclerc comprend aussitôt, et de Gaulle lui donne l'accolade.

De la gare Montparnasse, de Gaulle, accompagné d'André Le Troquer, président de l'Assemblée nationale consultative et du général Juin, chef d'état-major de la défense nationale, se rend au ministère de la Guerre, qu'il avait quitté en 1940, rue Saint-Dominique. Il constate : «Rien n'y manque, excepté l'Etat, il m'appartient de l'y remettre». Il y reçoit le préfet de police Luizet, puis Parodi, représentant l'un et l'autre l'ordre public et le Gouvernement provisoire. Les deux hommes sont chargés du maintien de l'ordre et du ravitaillement. Alors et alors seulement, de Gaulle se rend à pied à l'Hôtel de Ville où l'accueillent Flouret, ainsi que Bidault et Tollet au nom du CNR et du CPL réunis. C'est un intense moment d'émotion : «Parcourant du regard cette assemblée vibrante d'enthousiasme, d'affection, de curiosité, je sens que, tout de suite, nous nous sommes reconnus, qu'il y a entre nous, combattants du même combat, un lien incomparable», écrira Charles de Gaulle dans ses *Mémoires de guerre*. Il prend la parole : «Non, nous ne dissimulerons pas cette émotion profonde et sacrée. Il y a là des minutes, nous le sentons tous, qui dépassent chacune de nos pauvres vies. [...] Paris libéré par son peuple,

Le général Leclerc rend compte de la reddition du général von Choltitz au général de Gaulle, satisfait de «l'issue des combats : Nos troupes remportent une victoire complète sans que la ville ait subi de destructions.»

m artyr, mais

su peuple

la France

e bat, je

rance éternelle.

avec le concours des armées de la France, avec l'appui et le concours de la France tout entière.» Il associe à ce succès les Alliés et les troupes françaises de la 1ʳᵉ armée commandée par le général de Lattre de Tassigny, débarquée le 15 août en Provence et qui remonte alors la vallée du Rhône. Mais il rappelle aussi la nation au devoir de la guerre et à l'unité

❝ Sur les marches, des combattants , les larmes aux yeux, présentent leurs armes. Sous un tonnerre de vivats, je suis conduit au premier étage. [...] Tout autour se tiennent de nombreux compagnons. Beaucoup ont, au bras, l'insigne des forces de l'intérieur. [...] Tous portent la croix de Lorraine.**❞**
Charles de Gaulle (ci-dessus à l'Hôtel de Ville)

Le pari de l'homme du 18 juin 1940 de rassembler une nation derrière lui, est gagné avec éclat. Rare moment d'unanimité nationale : «Ah! C'est la mer! Une foule immense est massée de part et d'autre de la chaussée. [...] Il s'agit, aujourd'hui, de rendre à lui-même, par le spectacle de sa joie et l'évidence de sa liberté, un peuple qui fut, hier, écrasé par la défaite et dispersé la servitude.»

nationale. A Bidault, qui lui demande de proclamer la République, de Gaulle répond : «Non, la République n'a jamais cessé d'être. La France libre, la France combattante, le Comité français de la libération nationale, l'ont tour à tour, incorporée. Vichy fut toujours et demeure nul et non avenu.»

Le défilé

En dépit de la pression ennemie au nord de Paris, où la 47ᵉ division allemande prend position au Bourget et des ordres de Gerow prescrivant à la 2ᵉ DB de la déloger, de Gaulle conserve Leclerc auprès de lui. Juste récompense ou mesure de sécurité ? Luizet a signalé quelques incidents imputables à des tireurs isolés. Seul le groupement tactique commandé par Roumiantzoff se porte en couverture vers le nord, aidé des fractions des Forces de l'intérieur dans ce secteur. Le reste de la division est, pendant le défilé, formé en trois autres groupements qui se tiennent en alerte à l'Arc de triomphe, au Rond-Point des Champs Elysées et devant Notre-Dame. Au besoin, ils doivent se porter au devant de toute action offensive ennemie. Leclerc, marchant derrière le général de Gaulle, reste en communication constante avec ses divers éléments. Gerow, vainement, interdit toute participation de la 2ᵉ DB au défilé. Vers 15 heures, au milieu de la liesse populaire, de Gaulle descend les Champs-Elysées, accompagné des membres du gouvernement, du CNR, Georges Bidault, du CPL,

Alexandre Parodi, des préfets de Paris, des officiers généraux FFL ou FFI, Kœnig, Leclerc, d'Argenlieu, Valin, Bloch-Dassault et Chaban-Delmas. Juin est là aussi pour rappeler l'existence d'une autre composante des forces armées nationales. Place de la Concorde, il monte dans une voiture, passe devant l'Hôtel de Ville et parvient sur le parvis de Notre-Dame, interdite au cardinal Suhard, féal de Vichy. L'arrivée à la cathédrale est perturbée par une fusillade. Un *Te Deum* était prévu, mais l'absence de courant interdit de faire donner les orgues ; le général entonne le *Magnificat*.

L'émotion du général : «Le *Magnificat* s'élève. En fut-il jamais chanté de plus ardent ?»

Les tireurs des toits

Le défilé a été émaillé de tirs sporadiques. Des miliciens ont été arrêtés, mais ils ne sont plus très nombreux à cette date. Des officiers allemands récalcitrants ont également été pris.

La fusillade de la cathédrale reste un mystère. Son origine accidentelle a été maintes fois soulignée ; il paraît évident au général de Gaulle qu'il s'agissait là d'«une de ces contagieuses tirailleries que l'émotion déclenche parfois». Mais les tirs ont tout de même

Tout danger n'est pas écarté. Des tireurs isolés rappellent aux Parisiens que la guerre n'est pas terminée. «Comme nous l'avons éprouvé toute la journée, l'ennemi peut encore tuer et fait encore mourir.»

fait trois cents victimes. Une psychose s'empare des Parisiens, qui en attribuent la responsabilité à une «cinquième colonne» ennemie voulant attenter à la vie du général de Gaulle.

Les combats du Bourget

La guerre n'est pas terminée. Elle se rappelle très vite aux environs de minuit le soir même du défilé. Pour la dernière fois sur le front ouest, la Luftwaffe mène une action d'envergure. Environ cent cinquante appareils de la 3e flotte aérienne allemande bombardent Paris. Un témoin relate l'horreur : «Les sirènes hurlent : l'ennemi revient une dernière fois semer la mort. De nombreux quartiers sont touchés, les IVe, Ve, XIIIe et XVIIIe arrondissements (huit infirmières tuées à l'hôpital Bichat), Saint-Denis, Saint-Ouen, Ivry, Vitry, etc. Le dernier bilan connu donne : 189 morts, 890 blessés, 372 immeubles détruits et 395 endommagés.» La capitale n'est pas encore à l'abri des injures de l'ennemi.

Le vendredi 25 août en fin d'après-midi, le général Leclerc est informé par des appels à l'aide des municipalités au nord de Paris que l'ennemi se renforce. La 47e division d'infanterie allemande, forte de trois régiments de grenadiers et d'unités qui n'ont pas été engagées dans les combats de Normandie, participent à la défense de l'aérodrome. Le passage livré aux Alliés par les ponts de Paris obligent les Allemands à assurer leur couverture au nord. Les forces ennemies contrôlent toutes les routes vers l'est, le nord-est et le nord au départ de la capitale. Le 26 au matin, Leclerc donne l'ordre au groupement tactique Roumiantzoff d'assurer la couverture de Paris et se dirige vers Saint-Denis,

Le capitaine Massu traverse ici Pierrefitte dans sa jeep pour rejoindre les combats du Bourget. La 2e DB est engagée rudement le 27 août et les jours suivants.

La veille déjà, des éléments de la 2e DB ont été envoyés au nord de Paris, pour bloquer la contre-offensive allemande. Au prix de pertes plus importantes que pour les combats dans Paris, le groupement Dio s'empare de l'aérodrome du Bourget et le groupement Langlade enlève Stains, Pierrefitte, Montmagny. Dès le lendemain, les Allemands font retraite vers l'est.

Enghien, Aubervilliers et le Bourget pour prendre contact avec l'ennemi. En même temps, le colonel Billotte détache deux groupements, Dio et Langlade. Les combats sont rudes. Les deux groupements attaquent les 27, 28, 29 et 30 août vers Montmorency et Gonesse pour sortir des agglomérations et conquérir une nouvelle base de départ.

La guerre se porte à l'est et c'est une nouvelle mission pour Leclerc et ses hommes auxquels se sont joints des combattants des FFI.

Le retentissement

Le 28 août, les troupes américaines défilent sur les Champs-Elysées ; la visite du général Eisenhower au général de Gaulle symbolise l'indépendance retrouvée.

La libération de Paris est une victoire militaire, certes, mais les pertes sont lourdes : entre 900 et 1 000

En appui de la 2e DB, la 4e division américaine du général Barton est entrée dans Paris le 25 août vers midi, se chargeant de la partie est de la capitale, de la porte d'Italie à Notre-Dame. « Par milliers, les Parisiens bordaient les trottoirs sur des kilomètres, tous criant : Vive l'Amérique ou vive la France ! Nous étions les premiers Américains qu'ils voyaient. »

morts et fusillés, 1 500 blessés pour les FFI ; 582 morts et plus de 2 000 blessés parmi la population civile, la 2e DB déplore 130 tués et 225 blessés ; côté allemand, 3 200 hommes ont été tués et 12 800 faits prisonniers.

Pour la France, c'est une victoire politique de première grandeur, fruit de l'action conjuguée de la Résistance intérieure et de la Résistance extérieure. Les FFI ont assisté bravement les troupes régulières dans le nettoyage des réduits allemands. Le 26 août, le peuple de Paris a acclamé le général de Gaulle comme son libérateur et le chef de la nouvelle République. Personne ne peut plus douter de sa légitimité, ni en France, ni à l'étranger. Sur le plan diplomatique, le gouvernement provisoire est enfin reconnu le 24 octobre par les Etats-Unis.

L'événement eut un retentissement considérable. A la nouvelle, les cloches sonnèrent dans les capitales non contrôlées par l'Axe : Paris debout, le monde retrouvait le symbole de la liberté.

Le général Eisenhower rend visite au général de Gaulle qui lui demande «le prêt à titre temporaire de deux divisions américaines afin de faire un étalage de force. Je proposai même de profiter du passage de ces deux divisions pour organiser un défilé (ci dessus) et je l'invitai à passer ces unités en revue».

TÉMOIGNAGES
ET DOCUMENTS

La décision du 19 août

Après l'insurrection de la préfecture de police, Alexandre Parodi, délégué général du Gouvernement provisoire, préfère en liaison avec le CNR décider du soulèvement pour maintenir la cohésion et l'unité de la Résistance.

PARISIENS !

L'insurrection du Peuple de Paris a déjà libéré de nombreux édifices de la Capitale. Une première grande victoire est remportée.

La lutte continue. Elle doit se poursuivre jusqu'à ce que l'ennemi soit chassé de la Région parisienne.

Plus que jamais, TOUS AU COMBAT. Répondez à l'Ordre de Mobilisation Générale, rejoignez les F. F. I.

Toute la population doit, par tous les moyens, empêcher la circulation de l'ennemi.

Abattez les arbres, creusez des fossés anti-chars, dressez des barricades.

C'est un Peuple vainqueur qui recevra les Alliés.

LE COMITÉ PARISIEN DE LA LIBÉRATION :

Front National, Union Départementale des Syndicats,Libération, F.T.P.,F.O.C.M., Ceux de la Résistance, Forces Unies de la Jeunesse Patriotique, Union Républicaine Démocratique, Démocrates chrétiens, Union des Femmes Françaises, Comités Populaires, Confédération Française des Travailleurs Chrétiens, Mouvement des Prisonniers, Assistance Française, Ceux de la Libération, Résistance, Défense de la France.

A l'occasion du XXe anniversaire de la Libération, le 19 août 1964, Alexandre Parodi donne une interview exclusive au Figaro, *où il témoigne sur les événements de ce jour-là.*

L'insurrection a été décidée le 19 août, dans la matinée, au cours d'une réunion du Conseil national de la Résistance, tenue dans une maison qui fait le coin de la rue de Grenelle et de la rue de Bellechasse, réunion à laquelle assistait une délégation du Comité parisien de Libération.

On sait que les comités de libération avaient été constitués et clandestinement mis en place dans toute la France pour assurer la prise en main immédiate de l'autorité administrative par la Résistance au fur et à mesure de la libération : condition nécessaire au maintien de l'ordre, condition nécessaire aussi pour couper court à l'intention des autorités américaines d'assurer elles-mêmes provisoirement l'administration de la France.

Le Comité de libération créé à Paris risquait, par la force des choses, de jouer un rôle concurrent de celui du CNR ; en fait, cette opposition fut moins forte qu'il n'était à craindre, les tendances se trouvant représentées à peu près de la même façon dans les deux opérations.

Nous nous trouvions, quand la réunion commença, en présence d'un premier élément de fait qui était la position qu'avait déjà prise le Comité de libération en faveur de l'insurrection. Un second fait, qui engageait davantage les choses et que personne n'avait prévu était l'occupation de la préfecture de police par les policiers, qui s'étaient mis en grève quelques jours plus tôt. Cette grève avait été elle-même décidée sans ordre de ma part, mais il m'en avait été aussitôt référé et je l'avais approuvée, ne

Rue du Château d'eau, l'annonce de la trêve est inscrite sur les vitrines des magasins.

doutant pas que le commandement allemand ne prît bientôt la décision d'arrêter les policiers s'ils demeuraient groupés dans les commissariats.

La discussion du CNR fut sérieuse et la décision de donner l'ordre d'insurrection prise en pleine conscience des responsabilités que nous assumions. Quelques heures plus tard, mon adjoint militaire, Chaban-Delmas – qui devait faire preuve, au cours de ces journées, à côté de mon courage physique, d'un courage moral auquel il n'est que juste que je rende hommage – allait me rappeler qu'il avait rapporté, de Londres, l'instruction qu'il ne devait pas y avoir d'insurrection sans un ordre du gouvernement. Mais cette instruction ne

correspondait évidemment pas à la situation d'urgence où nous étions. Je n'aurais pu en référer à un ordre du général de Gaulle que si j'avais été en état d'abord de le demander, et, pour cela, de faire comprendre les éléments de fait et les éléments psychologiques en présence desquels nous nous trouvions, ensuite de recevoir une réponse presque immédiate. L'état de nos liaisons rendait tout cela manifestement impossible. J'avais à prendre seul une décision qui ne pouvait attendre, et c'était bien pour me mettre en mesure de prendre, avec une autorité suffisante, les décisions de cet ordre que je venais, sans avoir jamais été à Alger, d'être nommé ministre.

Les risques que nous prenions étaient,

Le FFI du XVIIe, Duckson, fait prisonnier un soldat allemand, puis prend un char ; il est blessé en arrivant à la préfecture.
Page de droite, prise d'un canon allemand.

à n'en pas douter, considérables. Notre armement était très faible, la disproportion des forces paraissait évidente et nous pouvions provoquer de terribles représailles, peut-être entraîner la destruction d'une partie de Paris. D'autre part, il me paraissait clair que

Paris était, en effet, prêt à l'insurrection. La grande espérance née avec le débarquement, puis le sentiment que les forces alliées se rapprochaient chaque jour, que leur arrivée était maintenant imminente, enfin le spectacle quotidien du déménagement des services allemands, avaient créé une fièvre qui

grandissait et je faisais de trop longs trajets à bicyclette à travers Paris pour ne pas éprouver la sensation physique que Paris était mûr pour un soulèvement. Aussi bien, l'insurrection était-elle l'aboutissement normal de tout l'effort de la Résistance : si tant de nos camarades étaient morts et avaient été torturés, ce n'était pas pour que nous restions passifs au moment où la possibilité de combattre utilement nous était donnée. Le Comité de libération était bien dans la ligne de tous les sacrifices consentis et je n'aurais pu m'opposer à l'insurrection qu'en compromettant l'autorité que j'avais pu prendre sur la Résistance et en détruisant son unité.

Ces considérations m'apparurent si clairement qu'en fait j'ai peu hésité. A partir du moment où il a paru que je ne m'y opposais pas le C.N.R. fut unanime à prendre la décision de donner l'ordre d'insurrection.

[...] En fait, la trêve ne dura pas jusqu'à l'heure fixée et je décidai, moi-même, le lendemain matin, de ne pas épuiser ce délai. Une des raisons qui m'avaient fait insister pour la prolongation de la trêve était l'annonce que se trouvaient à proximité de Paris 150 chars Tigre qui étaient bien évidemment capables d'opérer de terribles destructions. Or, tôt le mardi, Chaban-Delmas me prévint que ce renseignement n'était pas exact ; peu après, je recevais à la préfecture de police le colonel Rol qui venait me dire la même chose et me demandait si, dans ces conditions, je ne consentais pas à une reprise immédiate des combats J'y consentis, en effet. La menace la plus grave et la plus précise dont il avait été fait état la veille au C.N.R., n'existait plus ; d'autre part la cohésion de la Résistance avait failli se rompre et j'étais soulagé de pouvoir, au plus tôt, rétablir son unité. Enfin, j'estimai ce matin-là, au vu de l'ensemble des renseignements dont nous disposions, avoir gagné suffisamment de temps.

in *Le Figaro*, 19 août 1964

La division Leclerc

Le général Leclerc déclare en mettant le pied sur le sol de France, début août 1944 : «Nous voulons retrouver les bons Français qui mènent depuis quatre ans dans le pays la lutte que nous menions dehors. Salut à ceux qui ont déjà repris les armes. Oui, nous constituons bien la même armée, l'armée de la Libération.»

En Normandie

Leclerc envoie une lettre au général de Gaulle, qui vient d'arriver en France, pour l'informer de la situation.

Etat-major
Q.G. le 21 août 1944

J'ai appris hier que vous étiez débarqué à Cherbourg. Je lance donc un officier à votre recherche. Voici la situation de la division, à bâtons rompus car je désire que Trevoux parte sans tarder : Après une marche assez acrobatique d'Avranches au Mans nous avons attaqué droit au nord et, en 4 jours, atteint l'Orne entre Ecouché et Argentan.

Notre attaque prenant de flanc et successivement plusieurs divisions boches a amené d'excellents résultats. J'ai eu réellement l'impression pendant plusieurs jours de revivre la situation de 1940 retournée, désarroi complet chez l'ennemi, colonnes surprises, etc. Nos voisins américains, surtout ceux de gauche, étaient naturellement un peu en retard.

Le «tableau» de cette attaque aurait pu être splendide si on s'était décidé à fermer la boucle Argentan-Falaise. Le haut commandement s'y est

---

2eme DIVISION BLINDEE

ETAT-MAJOR

3me Bureau

N° 39/3

ORDRE D'OPERATION POUR LA JOURNEE
DU 24 AOUT 1944

MISSION :

1) S'emparer de PARIS

2) Tenir PARIS en occupant les Ponts entre YVRY-sur-Seine et NEUIL]
sur-Marne;

- en poussant des elements dans la Banlieue Nord-Est de PARI.
- en maintenant un element reserve au Centre de PARIS.

Le général Leclerc et le colonel Guillebon avant leur entrée dans la capitale.

formellement opposé, l'histoire jugera.

Résultats en ce qui nous concerne, pertes : 60 tués, 550 blessés environ. C'est peu étant donné le grand nombre de combats. Le recomplètement est déjà fait.

Au tableau, un minimum de 60 chars boches homologués, véhicules prisonniers et tués boches très difficiles à estimer.

Le moral de nos gens est des plus élevés et ils se sont bien comportés. Billotte et Langlade sont proposables pour général, je ne vois aucun inconvénient à ce que vous les nommiez.

Depuis huit jours, le commandement nous fait marquer le pas. On prend des décisions sensées et sages mais généralement quatre ou cinq jours trop tard. On m'a donné l'assurance que l'objectif de ma division était Paris. Mais devant une pareille paralysie, j'ai pris la décision suivante : Guillebon est envoyé avec un détachement léger, chars, A.M., infanterie, direction Versailles avec ordre de prendre le contact, de me renseigner et d'entrer dans Paris si l'ennemi se replie. Il part à midi et sera à Versailles ce soir ou demain matin. Je ne peux malheureusement en faire de même pour le gros de ma division pour des questions de ravitaillement en carburant et afin de ne pas violer ouvertement toutes les règles de la subordination militaire.

Voilà, mon Général, j'espère que, d'ici quelques jours, vous vous poserez à Paris.

Fonds historique
du maréchal Leclerc

A l'assaut de Paris

Le 22 août 1944

Dans un coin de Normandie après de durs combats, piétinant d'impatience nous recevons enfin l'autorisation tant attendue : marcher au secours de Paris… Alors des heures émouvantes se déroulent. Paris se bat et nous appelle, manquant d'armes et de munitions. Nous chargeons sur la capitale. A partir de Rambouillet au cours du combat, le contact est pris avec les habitants de la cité, téléphone et liaison fonctionnent déjà. FFI, représentants de la police, sapeurs pompiers, simples citoyens traversent les lignes et nous supplient de faire vite. Nous répondons en attaquant sans trêve les éléments ennemis qui s'efforcent de tenir entre Paris et nous.

La France de De Gaulle, celle qui a refusé de cesser le feu, retrouve la France de l'intérieur, celle qui a refusé de courber le front. Cette magnifique rencontre, attendue depuis quatre ans, se produit en pleine bataille, en pleine victoire. Le 24 août au soir et surtout le 25 après avoir bousculé la ceinture que la division s'efforçait de maintenir à l'ouest de Paris, nous sommes dans la place. Alors chaque rue, chaque boulevard de la capitale voit se dérouler le même spectacle, nos chars, nos fantassins, dirigés, conduits à l'ennemi par la population, appuyés par des éléments de la résistance, nos blessés soignés par les citoyens de Paris, nos morts honorés par eux. Ensuite, c'est le triomphe et l'allégresse, les avenues de Paris sont trop étroites car le peuple entier est là. Aux yeux de nos soldats et de moi-même, depuis le 25 août 1944, le Parisien c'est l'ami rencontré sur le plus beau champ de bataille, ami fidèle d'ailleurs, car beaucoup ne nous quittèrent pas, libérant avec nous la Lorraine et l'Alsace.

L es brancardiers, le plus souvent des volontaires, ont fait un travail héroïque durant l'insurrection.

A u PC de la gare Montparnasse, le général de Gaulle en compagnie du général Leclerc, de Chaban (de dos) et de Rol-Tanguy.

Paris, depuis le 24 août 1944, cela signifie aussi pour nous, la France se redressant et jurant de retrouver sa grandeur quelles que soient les difficultés.

Interview du général Leclerc par Manuel Poulet, en 1945

Le défilé du 26 août

C'est la descente triomphale des Champs-Elysées. Exceptionnel moment d'union sacrée autour du Chef de la France combattante, le défilé consacre aussi sa reconnaissance par le peuple. Le pari audacieux de l'homme du 18 juin 1940, qui depuis Londres invitait les Français à poursuivre le combat, est gagné.

Le général de Gaulle, en tête du cortège, reçoit les acclamations de la foule.

L'émotion du général de Gaulle

Dans ses Mémoires de guerre, *le général de Gaulle relate les premiers moments de son entrée dans Paris.*

A 7 heures du soir, inspection de la police parisienne dans la cour de la Préfecture. A voir ce corps, que son service maintint sur place sous l'occupation, tout frémissant aujourd'hui de joie et de fierté, on discerne qu'en donnant le signal et l'exemple du combat les agents ont pris leur revanche d'une longue humiliation. Ils ont aussi, à juste titre, saisi l'occasion d'accroître leur prestige et leur popularité. Je le leur dis. Les hourras s'élèvent des rangs. Alors, à pied, accompagné de Parodi, de le Troquer, de Juin et de Luizet, fendant difficilement la foule qui m'enveloppe d'assourdissantes clameurs, je parviens à l'Hôtel de Ville. Devant le bâtiment, un détachement des forces de l'intérieur, sous les ordres du commandant le Percq, rend impeccablement les honneurs.

Au bas de l'escalier, Georges Bidault, André Tollet et Marcel Flouret accueillent le général de Gaulle. Sur les marches, des combattants, les larmes aux yeux, présentent leurs armes. Sous un tonnerre de vivats, je suis conduit au centre du salon du premier étage. Là, sont groupés les membres du Conseil national de la Résistance et du Comité parisien de la libération. Tout autour, se tiennent de nombreux compagnons. Beaucoup ont, au bras, l'insigne des forces de l'intérieur, tel qu'il a été fixé par un décret du gouvernement. Tous portent la Croix de Lorraine. Parcourant du regard cette assemblée vibrante d'enthousiasme, d'affection, de curiosité, je sens que, tout de suite, nous nous sommes reconnus, qu'il y a entre nous, combattants du même combat, un lien incomparable et que, si l'assistance contient des divergences vigilantes, des ambitions en activité, il suffit que la masse et moi nous trouvions ensemble pour que notre unité l'emporte sur tout le reste. D'ailleurs, malgré la fatigue qui se peint sur les visages, l'excitation des périls courus et des événements vécus, je ne vois pas un seul geste, je n'entends pas un seul mot, qui ne soient d'une dignité parfaite. Admirable réussite d'une réunion depuis longtemps rêvée et qu'ont payée tant d'efforts, de chagrins, de morts!

Le sentiment a parlé. C'est au tour de la politique. Elle aussi le fait noblement. Georges Marrane, substitué à André Tollet, me salue en termes excellents au nom de la nouvelle municipalité parisienne. Puis, Georges Bidault m'adresse une allocution de la plus haute tenue. Dans ma réponse, improvisée, j'exprime «l'émotion sacrée qui nous étreint tous, hommes et femmes, en ces minutes qui dépassent chacune de nos pauvres vies». Je constate que «Paris a été libéré par son peuple, avec le concours de l'armée et l'appui de la France tout entière». Je ne manque pas d'associer au succès «les troupes françaises qui, en ce moment, remontent la vallée du Rhône» et les forces de nos alliées. Enfin, j'appelle la nation au devoir de guerre et, pour qu'elle puisse le remplir, à l'unité nationale.

J'entre dans le bureau du préfet de la Seine. Marcel Flouret m'y présente les principaux fonctionnaires de son administration. Comme je me dispose à partir, Georges Bidault s'écrie: «Mon général! Voici, autour de vous, le Conseil national de la Résistance et le Comité parisien de la libération. Nous vous demandons de proclamer solennellement la République devant le peuple ici rassemblé.» Je réponds: «la

République n'a jamais cessé d'être. La France Libre, la France Combattante, le Comité français de la libération nationale l'ont, tour à tour, incorporée. Vichy fut toujours et demeure nul et non avenu. Moi-même suis le président du Gouvernement de la République. Pourquoi irais-je la proclamer?» Allant à une fenêtre, je salue de mes gestes la foule qui remplit la place et me prouve, par ses acclamations, qu'elle ne demande pas autre chose.

[…] Au cours de la matinée, on me rapporte que de toute la ville et de toute la banlieue, dans ce Paris qui n'a plus de métro, ni d'autobus, ni de voitures, d'innombrables piétons sont en marche. A 3 heures de l'après-midi, j'arrive à l'Arc de triomphe. Parodi et le Troquer, membres du gouvernement, Bidault et le Conseil national de la Résistance, Tollet et le Comité parisien de la Libération, des officiers généraux: Juin, Kœnig, Leclerc, d'Argenlieu, Valin, Bloch-Dassault, les préfets: Flouret et Luizet, le délégué militaire Chaban-Delmas, beaucoup de chefs et de combattants des Forces de l'intérieur se tiennent auprès du tombeau. Je salue le régiment du Tchad, rangé en bataille devant l'Arc et dont les officiers et les soldats, debout sur leurs voitures, me regardent passer devant eux, à l'Etoile, comme un rêve qui se réalise. Je ranime la flamme. Depuis le 14 juin 1940, nul n'avait pu le faire qu'en présence de l'envahisseur. Puis, je quitte la voûte et le terre-plein. Les assistants s'écartent. Devant moi, les Champs-Elysées!

Ah! C'est la mer! Une foule immense est massée de part et d'autre de la chaussée. Peut-être deux millions d'âmes. Les toits aussi sont noirs de monde. A toutes les fenêtres s'entassent des groupes compacts, pêle-mêle avec des drapeaux. Des grappes humaines sont accrochées à des échelles, des mâts, des réverbères. Si loin que porte ma vue, ce n'est qu'une houle vivante, dans le soleil, sous le tricolore.

Je vais à pied. Ce n'est pas le jour de passer une revue où brillent les armes et sonnent les fanfares. Il s'agit, aujourd'hui, de rendre à lui-même, par le spectacle de sa joie et l'évidence de sa liberté, un peuple qui fut, hier, écrasé par la défaite et dispersé par la servitude. Puisque chacun de ceux qui sont là a, dans son cœur, choisi Charles de Gaulle comme recours de sa peine et symbole de son espérance, il s'agit qu'il le voie, familier et fraternel, et qu'à cette vue resplendisse l'unité nationale. Il est vrai que les états-majors se demandent si l'irruption d'engins blindés ennemis ou le passage d'une escadrille jetant des bombes ou mitraillant le sol ne vont pas décimer cette masse et y déchaîner la panique. Mais moi, ce soir, je crois à la fortune de la France. Il est vrai que le service d'ordre craint de ne pouvoir contenir la poussée de la multitude. Mais je pense, au contraire, que celle-ci se disciplinera. Il est vrai qu'au cortège des compagnons qui ont qualité pour me suivre se joignent, indûment, des figurants de supplément. Mais ce n'est pas eux qu'on regarde. Il est vrai, enfin, que moi-même n'ai pas le physique, ni le goût, des attitudes et des gestes qui peuvent flatter l'assistance. Mais je suis sûr qu'elle ne les attend pas.

Je vais donc, ému et tranquille, au milieu de l'exultation indicible de la foule, sous la tempête des voix qui font retentir mon nom, tâchant, à mesure, de poser mes regards sur chaque flot de cette marée afin que la vue de tous ait pu entrer dans mes yeux, élevant et abaissant les bras pour répondre aux acclamations. Il se passe, en ce moment, un de ces miracles de la conscience nationale, un de ces gestes de la France, qui parfois, au long des siècles, viennent illuminer notre Histoire. Dans cette communauté, qui n'est qu'une seule pensée, un seul clan, un seul cri, les différences s'effacent, les individus disparaissent. Innombrables Français dont je m'approche tour à tour, à l'Etoile, au Rond-Point, à la Concorde, devant l'Hôtel de Ville, sur le parvis de la cathédrale, si vous saviez comme vous êtes pareils ! Vous, les enfants, si pâles ! qui trépignez et criez de joie ; vous, les femmes, portant tant de chagrins, qui me jetez vivats et sourires ; vous, les hommes, inondés d'une fierté longtemps oubliée, qui me criez votre merci ; vous les vieilles gens, qui me faites l'honneur de vos larmes, ah ! comme vous vous ressemblez ! Et moi, au centre de ce déchaînement, je me sens remplir une fonction qui dépasse de très haut ma personne, servir d'instrument au destin.

Mais il n'y a pas de joie sans mélange, même à qui suit la voie triomphale. Aux heureuses pensées qui se pressent dans mon esprit beaucoup de soucis sont mêlés. Je sais bien que la France tout entière ne veut plus que sa libération. La même ardeur à revivre qui éclatait, hier, à Rennes et à Marseille et, aujourd'hui, transporte Paris se révélera demain à Lyon, Rouen, Lille, Dijon, Strasbourg, Bordeaux. Il n'est que de voir et d'entendre pour être sûr que le pays veut se remettre debout. Mais la guerre continue. Il reste à la gagner. De quel prix, au total, faudra-t-il payer le résultat ? Quelles ruines s'ajouteront à nos ruines ? Quelles pertes nouvelles décimeront nos soldats ? Quelles peines morales et physiques auront à subir encore les Français prisonniers de guerre ? Combien reviendront parmi nos déportés, les plus militants, les plus souffrants, les plus méritants de nous

L a foule aux Champs-Elysées : « Ah! C'est
  la mer!»

tous? Finalement, dans quel état se
retrouvera notre peuple et au milieu de
quel univers?

Il est vrai que s'élèvent autour de moi
d'extraordinaires témoignages d'unité.
On peut donc croire que la nation
surmontera ses divisions jusqu'à la fin du
conflit; que les Français, s'étant
reconnus, voudront rester rassemblés
afin de refaire leur puissance; qu'ayant
choisi leur but et trouvé leur guide, ils se
donneront des institutions qui leur
permettent d'être conduits. Mais je ne
puis, non plus, ignorer l'obstiné dessein

des communistes, ni la rancune de tant
de notables qui ne me pardonnent pas
leur erreur, ni le prurit d'agitation qui, de
nouveau, travaille les partis. Tout en
marchant à la tête du cortège, je sens
qu'en ce moment même des ambitions
me font escorte en même temps que des
dévouements. Sous les flots de la
confiance du peuple, les récifs de la
politique ne laissent pas d'affleurer.

A chaque pas que je fais sur l'axe le
plus illustre du monde, il me semble que
les gloires du passé s'associent à celle
d'aujourd'hui. Sous l'Arc, en notre
honneur, la flamme s'élève allégrement.
Cette avenue, que l'armée triomphante
suivit il y a vingt-cinq ans, s'ouvre
radieuse devant nous. Sur son piédestal,
Clemenceau, que je salue en passant, a
l'air de s'élancer pour venir à nos côtes.
Les marronniers des Champs-Elysées,
dont rêvait l'Aiglon prisonnier et qui
virent, pendant tant de lustres, se
déployer les grâces et les prestiges
français, s'offrent en estrades joyeuses à
des milliers de spectateurs. Les Tuileries,
qui encadrèrent la majesté de l'Etat sous
deux empereurs et sous deux royautés;
la Concorde et le Carrousel qui
assistèrent aux déchaînements de
l'enthousiasme révolutionnaire et aux
revues des régiments vainqueurs; les
rues et les ponts aux noms de batailles
gagnées; sur l'autre rive de la Seine, les
Invalides, dôme étincelant encore de la
splendeur du Roi-Soleil, tombeau de
Turenne, de Napoléon, de Foch;
l'Institut, qu'honorèrent tant d'illustres
esprits, sont les témoins bienveillants du
fleuve humain qui coule auprès d'eux.
Voici, qu'à leur tour : le Louvre, où la
continuité des rois réussit à bâtir la
France; sur leur socle, les statues de
Jeanne d'Arc et de Henri IV; le palais de
Saint-Louis dont, justement, c'était hier
la fête; Notre-Dame, prière de Paris, et

la Cité, son berceau, participent à l'événement. L'Histoire, ramassée dans ces pierres et dans ces places, on dirait qu'elle nous sourit.

Mais, aussi, qu'elle nous avertit. Cette même cité fut Lutèce, subjuguée par les légions de César, puis Paris, que seule la prière de Geneviève put sauver du feu et du fer d'Attila. Saint-Louis, croisé délaissé, mourut aux sables de l'Afrique. A la porte Saint-Honoré, Jeanne d'Arc fut repoussée par la ville qu'elle venait rendre à la France. Tout près d'ici, Henri IV tomba victime d'une haine fanatique. La révolte des Barricades, le massacre de la Saint-Barthélemy, les attentats de la Fronde, le torrent furieux du 10 août ensanglantèrent les murailles du Louvre. A la Concorde, roulèrent sur le sol la tête du roi et celle de la reine de France. Les Tuileries virent le naufrage de la vieille monarchie, le départ pour l'exil de Charles X et de Louis-Philippe, le désespoir de l'impératrice, pour être finalement mis en cendres, comme l'ancien Hôtel de Ville. De quelle désastreuse confusion le Palais-Bourbon fut-il fréquemment le théâtre ! Quatre fois, en l'espace de deux vies, les Champs-Elysées durent subir l'outrage des envahisseurs défilant derrière d'odieuses fanfares. Paris, ce soir, s'il resplendit des grandeurs de la France tire les leçons des mauvais jours.

Charles de Gaulle,
Mémoires de guerre,
Plon, Paris, 1980

« Vive l'armée, vive les moineaux… Vive tout »

Claude Roy raconte : «14 heures : le soleil tape dur sur Paris, un soleil brûlant qui dore les maisons égratignées de points blancs : les coups de canon, blessures de la pierre. Le verre pilé par

terre brille entre ce qui fut les barricades. Sur les Champs-Elysées, l'avion des Actualités américaines tournoie comme un chien fou. Un de ses opérateurs me dira tout à l'heure que Paris vu du ciel ressemble à un corps humain, un dessin animé, un schéma de corps humain avec le son qui afflue vers les Champs-Elysées, la Concorde, l'Etoile, l'Arc de triomphe. Le son de Paris, ce ciel noir qui, dans les rues, monte lentement vers le centre, ce sont les centaines de milliers de Parisiens qui cheminent vers le parcours du général de Gaulle… A chaque fenêtre un drapeau, dans chaque bouche le même cri, dans chaque cœur la même joie. C'est trop à la fois, dit un monsieur. C'est trop à la fois. C'est trop à la fois… Vive de Gaulle. Et derrière, un grand serpent de gens, d'essence, de moteurs, et vraiment, vraiment, le général de Gaulle, au milieu de tout ce peuple, descend à pied les Champs-Elysées. On dirait qu'il a les bras en bois… » […]

«Moi, dit le récitant Charles de Gaulle, au milieu de ce déchaînement, je me sens servir d'instrument au destin. »

Au départ de l'Etoile, dans les cris et le désordre heureux, il se fâche : «Quelle pagaille… Qui est-ce qui est responsable de l'ordre ici ? » Mais, saisi du délire de l'histoire, il écrira : « Ah ! c'est la mer… Je vais à pied. » Il énumère chacun des grands, de Saint Louis à Henri IV, de Turenne à Napoléon, chaque monument, de l'Etoile à Notre-Dame. Il se sent chacun d'eux. Il traverse la fête historique, les tireurs, les salves de ripostes, le délire des hommes en armes, la suspicion (est-ce les miliciens, est-ce les communistes ?). Il a mis en pénitence le cardinal Suhard, archevêque de Paris. Il entend un *Magnificat*. Dieu l'entend-il aussi, après avoir entendu le *Te Deum* de la victoire allemande à la basilique

Saint-Denis en juillet 1940 ?

Pour un million d'hommes qui accueillent la victoire, c'est le plus beau jour de la vie. Et le soleil, et la chaleur, et la sueur, et le long hurlement des stades où l'homme acclame ceux dont il voudrait être l'émule ; et le bruit des chenilles, des moteurs et des roues, la rumeur mécanique de la puissance qui étouffe la peur... Le plus beau jour de leur vie, pour cent mille hommes qui sont pour un moment maîtres d'une capitale et de mille ans d'histoire.

Est-ce tout... Le plus beau jour de ma vie ?

Emmanuel d'Astier de la Vigerie,
De la chute à la Libération de Paris,
Gallimard, 1965

« Paris outragé, mais Paris libéré »

Pourquoi voulez-vous que nous dissimulions l'émotion qui nous étreint tous, hommes et femmes, qui sommes ici, chez nous, dans Paris debout pour se libérer et qui a su le faire de ses mains ? Non ! nous ne dissimulerons pas cette émotion profonde et sacrée. Il y a là des minutes qui dépassent chacune de nos pauvres vies.

Paris ! Paris outragé ! Paris brisé ! Paris martyrisé ! mais Paris libéré ! libéré par lui-même, libéré par son peuple avec le concours des armées de la France, avec l'appui et le concours de la France tout entière, de la France qui se bat, de la seule France, de la vraie France, de la France éternelle.

Eh bien ! puisque l'ennemi qui tenait Paris a capitulé dans nos mains, la France rentre à Paris, chez elle. Elle y rentre sanglante, mais bien résolue. Elle y entre, éclairée par l'immense leçon, mais plus certaine que jamais de ses devoirs et de ses droits.

Je dis, d'abord, de ses devoirs et je les résumerai tous en disant que, pour le moment, il s'agit de devoirs de guerre. L'ennemi chancelle mais il n'est pas encore battu. Il reste sur notre sol. Il ne suffira même pas que nous l'ayons, avec le concours de nos chers et admirables alliés, chassé de chez nous pour que nous nous tenions pour satisfaits après ce qui s'est passé. Nous voulons entrer sur son territoire, comme il se doit, en vainqueurs. C'est pour cela que l'avant-garde française est entrée à Paris à coups de canon. C'est pour cela que la grande armée française d'Italie a débarqué dans le Midi et remonte rapidement la vallée du Rhône. C'est pour cela que nos chères et braves forces de l'intérieur vont s'armer d'armes modernes. C'est pour cette revanche, cette vengeance et cette justice que nous continuerons de nous battre jusqu'au dernier jour, jusqu'au jour de la victoire totale et complète. Ce devoir de guerre, tous les hommes qui sont ici et tous ceux qui nous entendent en France savent qu'il exige l'unité nationale.

La nation n'admettrait pas, dans la situation où elle se trouve, que cette unité soit rompue. La nation sait bien qu'il lui faut, pour vaincre, pour se reconstruire, pour être grande, avoir avec elle tous ses enfants. La nation sait bien que ses fils et ses filles, tous ses fils et ses filles, – hormis quelques malheureux traîtres qui se sont livrés à l'ennemi et qui connaissent ou connaîtront la rigueur des lois, – oui ! que tous les fils et toutes les filles de la France doivent marcher vers les buts de la France, fraternellement, la main dans la main.

Vive la France !

Charles de Gaulle
allocution à l'Hôtel de Ville,
le 25 août 1944

Les voix de la Liberté

Dès le 20 août, les Parisiens ont pu entendre la radiodiffusion de la nation française animée par Jean Guignebert, Pierre Schaeffer, Pierre Crénesse. Ils ont été les voix de l'insurrection.

Le colonel Rol-Tanguy et une partie de son état-major.

25 août 1944, les F.F.I. font leur devoir patriotique

l8 heures 30-18 heures 45, quart d'heure français du soir, Colonel Henri Rol-Tanguy

Ouvrir la route de Paris aux armées alliées, anéantir et chasser les dernières divisions allemandes ; faire la jonction avec la division Leclerc dans une victoire commune – telle est la mission que les FFI de l'Ile-de-France sont en train d'accomplir ainsi que les FFI de Paris remplis de haine sacrée et du plus pur patriotisme.

Il reste encore beaucoup à faire. La France n'est pas encore entièrement libérée.

Déjà, la nouvelle armée française s'organise. Issue des FFI, elle vaincra et comme le général de Gaulle l'a dit, elle rendra à la France son indépendance, sa liberté et sa grandeur.

21 heures 30-22 heures, les Français parlent aux Français, Jean Oberlé

Cependant, les forces alliées s'approchaient de Paris par la porte de Versailles et la porte d'Orléans, où la fusillade continuait, tandis que dans l'Hôtel de Ville siégeaient le Conseil de la Résistance et le Comité parisien de Libération.

A la nouvelle que les troupes françaises du général Leclerc étaient entrées dans Paris, une foule énorme s'assembla sur la place de l'Hôtel-de-Ville, mais les FFI demandèrent à la foule de se disperser à cause des francs-tireurs allemands retranchés dans le quartier. Les troupes du général Leclerc entrèrent par la rue Saint-Jacques et le boulevard Saint-Germain ; une partie allant à l'Hôtel de Ville, tandis que le carillon de Notre-Dame retentissait ainsi que les cloches de toutes les églises.

Sur la place de l'Hôtel-de-Ville, et dans les rues adjacentes, tout le monde chantait la *Marseillaise*.

[...] L'héroïsme de la population parisienne est absolument extraordinaire, déclara à la radio de Paris un des témoins de la lutte. On se battait rue d'Angoulême. On se battait place de la République où les Allemands lançaient des grenades incendiaires dans la station de métro. Pendant la nuit le Conseil de la Résistance et le Comité parisien de Libération siégeaient dans un monument public. Une autre proclamation était lancée à la radio de Paris par le colonel Rol commandant les FFI de la région parisienne.

26 août 1944, « nos fleurs sanglantes à l'Arc de triomphe »

17 heures 30-17 heures 45, quart d'heure français de l'après-midi, Maurice Schumann

Pour franchir la Concorde, il nous fallut emporter de haute lutte le ministère de la Marine, voir le boche, qui s'était retranché, tuer à bout portant une petite infirmière qui se ruait au secours d'un blessé, agitant un drapeau de la Croix-Rouge, voir aussi un caporal qui venait du Tchad tomber sur le pavé reconquis, à côté d'un de ses frères d'armes vainqueur des Forces Françaises de l'Intérieur, avant d'avoir eu le temps d'embrasser sa mère.

Ce mélange de liesse et de poudre, de soleil et de sang (songez : nous avons dû entrer les armes à la main dans Notre-Dame parce que l'Allemand tirait encore du haut de la tour), ce lyrisme éclatant et sauvage de la Libération, c'est lui qui nous rend libres, c'est lui qui nous rend fiers, c'est lui qui nous rend forts.

Jean-Louis Crémieu-Brilhac,
Les voix de la Liberté, ici Londres,
La Documentation Française, 1976

Le Journal d'une bourgeoise de la rue de Varenne

Au cours de ces dix jours d'insurrection, il n'y eut pas que des Parisiens insurgés, mais aussi des Parisiens soumis ou non-engagés. Portant un regard distant sur les événements, Huguette Robert ouvre son journal avec les grèves.

Dans son ouvrage, Emmanuel d'Astier de la Vigerie livre le témoignage d'Huguette Robert, une simple Parisienne

19 août : révolution, danger dans les rues. Les enfants refoulés dans la rue de Varenne et courant de tous les côtés. La comtesse de Bourbon-Busset est tuée au coin de la rue de Lille. Elle n'avait pas répondu à la sentinelle allemande…

20 août : Paris est calme, sans agents. La rue de Varenne est noire de monde, gens à pied ou à bicyclette… Les Allemands tiennent toujours Saint-Thomas d'Aquin. On n'a pu aller à la messe aujourd'hui. Heureusement il y a d'autres paroisses libres…

21 août : Vers midi on entend des explosions : les portes et les fenêtres tremblent. Que s'est-il passé ? Tout semblait fini hier et on recommence ; je sors prendre des nouvelles. Je vais vers un groupe de jeunes gens devant le magasin de M. Templier… Je me renseigne : on me dit que c'est la Résistance de Paris, que des groupes se sont formés, que les SS n'ont pas accepté de capituler, qu'ils sont venus et vont se

Le carrefour de la mort : Saint-Germain/Saint-Michel.

battre. Cela va vraiment commencer à présent.

22 août : On se bat au Luxembourg, au Sénat, au Panthéon, rue de Seine. On dit que les Allemands sont aux prises avec les communistes, et que ceux-là sont maîtres de Paris…

Mercredi 23 août : Le canon tonne et se rapproche de plus en plus, les portes et les fenêtres claquent tout le temps, on dit que le Grand Palais est en feu et que les FFI qui le défendent ont beaucoup de morts et de prisonniers. Les Allemands sont les plus forts…

L'atmosphère est moins angoissante, on sent les Alliés tout près, et puis on s'habitue, on sait que ce n'est qu'une affaire de quelques jours. Un orage violent éclate à 20 heures. Il pleut à torrent.

Vendredi 25… On emmène une femme pour la tondre, les gens crient. Rue de Grenelle, une grosse barricade pour protéger la mairie. Un cortège de quatre femmes tondues (c'est bien laid) se dirige vers la rue du Bac, la foule augmente de plus en plus, crie. Une des femmes essaie de s'enfuir rue du Bac. On la rattrape, on la frappe, on l'injurie, la foule est inhumaine. Cette malheureuse est dénudée jusqu'à la ceinture, à genoux, en face le 102, rue du Bac. Un FFI a braqué sa mitraillette pour la tuer : on lui fait demander pardon, elle se traîne à genoux, à moitié nue. On dit qu'elle a tué trois Français, qu'elle tirait de ses fenêtres. Que faire devant une foule déchaînée : va-t-on l'exécuter ? Mais non. Un officier français arrive et dit qu'on doit l'emmener en prison pour la juger. La malheureuse est toujours à genoux, à moitié nue, et dit : « Pardon, je ne le ferai plus. » Elle n'a pas de larmes dans les yeux, elle est inconsciente. Elle n'a pas l'air d'avoir peur mais plutôt égarée. Tout ceci est ignoble. J'ai vu des gens qui paraissent inoffensifs devenir des brutes prêtes à tuer. Je suis épouvantée.

Samedi 26 août : Paris est en fête, on se prépare à aller acclamer le général de Gaulle et le général Leclerc. M. Templier a mis son uniforme de lieutenant, avec toutes ses décorations. Il en a huit, il défile cet après-midi… Il fait une chaleur folle, étouffante. Deux heures debout. Enfin le défilé arrive. Le général est à pied au milieu, des clameurs retentissent : « Vive de Gaulle », « Vive Leclerc »… Un petit vieux à barbiche blanche crie : « Dégradez Pétain. » Sa voix se perd, il n'y a pas d'écho… Et puis c'est la fin, le public envahit les Champs-Elysées, et tout d'un coup deux petits coups de revolver. Que veut dire ceci ? Il faut partir, mais à peine trente secondes et une fusillade commence…

Dimanche 27 août : Que s'est-il passé hier ? Je me renseigne. Tout le long du défilé de l'Arc de triomphe à Notre-Dame et dans tous les quartiers de Paris, à la même minute, les revolvers, les mitraillettes, tout a éclaté en même temps et aussi on a lancé des grenades. On parle de cinq cents morts.

Lundi 27 août : Les gens sont calmes. Mais on entend encore le canon pas très loin.

Mardi 29 août : Je reçois une lettre datée du 10 août. Les facteurs reprennent leur service.

1er septembre : On publie le nombre des morts pendant la Libération de Paris : neuf cent quatre-vingt-neuf morts, trois mille huit cent cinquante-neuf blessés, et le bombardement de la même nuit que le défilé : cent dix morts, sept cent dix-neuf blessés.

in Emmanuel d'Astier
De la chute à la libération de Paris,
Gallimard 1965

Des écrivains engagés

*Albert Camus, l'auteur de
L'Etranger (1942) intègre
en septembre 1943 le comité
de rédaction du journal
clandestin* Combat, *organe
du mouvement du même
nom. Egalement engagé
dans la Résistance, Paul
Eluard appartient à la
direction du comité des
écrivains pour la zone nord
et joue un rôle actif au sein
des* Lettres françaises.

Les 19, 20 & 21 Août 1944
ICI ONT ÉTÉ LACHEMENT
ASSASSINÉS PAR LES ALLEMANDS
30 CIVILS FRANÇAIS

V isages de Paris…

L'éditorialiste de « Combat »

Le 24 août, la une de Combat *donne le
ton : « Le Sang de la liberté ». Camus
prépare la sortie des premiers numéros
non clandestins de* Combat.

Paris fait feu de toutes ses balles dans la
nuit d'août. dans cet immense décor de
pierres et d'eaux, tout autour de ce fleuve
aux flots lourds d'histoire, les barricades
de la liberté, une fois de plus, se sont
dressées. Une fois de plus, la justice doit
s'acheter avec le sang des hommes.

Nous connaissons trop ce combat, nous
y sommes trop mêlés par la chair et le
cœur pour accepter, sans amertume, cette
terrible condition. Mais nous connaissons
trop aussi son enjeu et sa vérité pour
refuser le difficile destin qu'il faut bien
que nous soyons seuls à porter.

Le temps témoignera que les hommes
de France ne voulaient pas tuer, et qu'ils
sont entrés les mains pures dans une
guerre qu'ils n'avaient pas choisie. Faut-il
donc que leurs raisons aient été immenses
pour qu'ils abattent soudain leurs poings
sur les fusils et tirent sans arrêt, dans la
nuit, sur ces soldats qui ont cru pendant
deux ans que la guerre était facile.

Oui, leurs raisons sont immenses.
Elles ont la dimension de l'espoir et la
profondeur de la révolte. Elles sont les
raisons de l'avenir pour un pays qu'on a
voulu maintenir pendant si longtemps
dans la rumination morose de son passé.
Paris se bat aujourd'hui pour que la
France puisse parler demain. Quelques-
uns vont disant que ce n'est pas la peine
et qu'avec de la patience Paris sera
délivré à peu de frais. Mais c'est qu'ils
sentent confusément combien de choses
sont menacées par cette insurrection, qui
resteraient debout si tout se passait
autrement.

Il faut, au contraire, que cela

Les Résistants défilent rue de Rivoli. Les Allemands goûtent enfin à la défaite.

devienne bien clair : personne ne peut penser qu'une liberté, conquise dans ces convulsions, aura le visage tranquille et domestiqué que certains se plaisent à lui rêver. Ce terrible enfantement est celui d'une révolution.

On ne peut pas espérer que des hommes qui ont lutté quatre ans dans le silence et des jours entiers dans le fracas du ciel et des fusils, consentent à voir revenir les forces de la démission et de l'injustice sous quelque forme que ce soit. On ne peut pas s'attendre, eux qui sont les meilleurs, qu'ils acceptent à nouveau de faire ce qu'ont fait pendant vingt-cinq ans les meilleurs et les purs, et qui consistait à aimer en silence leur pays et à mépriser en silence ses chefs. Le Paris qui se bat ce soir veut commander demain. Non pour le pouvoir, mais pour la justice, non pour la politique, mais pour la morale, non pour la domination de leur pays, mais pour sa grandeur.

Notre conviction n'est pas que cela se fera, mais que cela se fait aujourd'hui, dans la souffrance et l'obstination du combat. Et c'est pourquoi, par-dessus les hommes, malgré le sang et la colère, ces morts irremplaçables, ces blessures injustes et ces balles aveugles, ce ne sont pas des paroles de regret, mais ce sont des mots d'espoir, d'un terrible espoir d'hommes isolés avec leur destin, qu'il faut prononcer.

Cet énorme Paris, noir et chaud, avec ses deux orages dans le ciel et dans les rues, nous paraît, pour finir, plus illuminé que cette Ville Lumière que nous enviait le monde entier. Il éclate de tous les feux de l'espérance et de la douleur, il a la flamme du courage lucide, et tout l'éclat, non seulement de la libération, mais de la liberté prochaine.

Albert Camus,
Combat, 24 août 1944,
in *Essais*, Bibl. de la Pléiade, Gallimard

En plein mois d'août

Ce poème d'Eluard est publié pour la première fois en septembre 1944 dans les Cahiers du communisme *: Paris osant crier sa victoire*

En plein mois d'août un lundi soir de
    couleur tendre
Un lundi soir pendu aux nues
Dans Paris clair comme un œuf frais
En plein mois d'août notre pays aux
    barricades
Paris osant montrer ses yeux
Paris osant crier victoire
En plein mois d'août un lundi soir

Puisqu'on a compris la lumière
Pourra-t-il faire nuit ce soir
Puisque l'espoir sort des pavés
Sort des fronts et des poings levés
Nous allons imposer l'espoir
Nous allons imposer la vie
Aux esclaves qui désespèrent
En plein mois d'août nous oublions
l'hiver
Comme on oublie la politesse des
    vainqueurs
Leurs grands saluts à la misère et à la
    mort
Nous oublions l'hiver comme on oublie
    la honte
En plein mois d'août nous ménageons
    nos munitions
Avec raison et la raison c'est notre haine
O rupture de rien rupture indispensable

La douceur d'être en vie la douleur de
    savoir
Que nos frères sont morts pour que nous
    vivions libres
Car vivre et faire vivre est au fond de
    nous tous
Voici la nuit voici le miroir de nos rêves
Voici minuit minuit point d'honneur de
    la nuit
La douceur et le deuil de savoir
    qu'aujourd'hui
Nous avons tous ensemble compromis la
    nuit.

Paul Eluard,
novembre 1944, in *Œuvres complètes*,
Bibl. de La Pléiade, Gallimard

CHRONOLOGIE

Juin 1944
Samedi 3 Proclamation à Alger du Gouvernement provisoire de la République française.
Lundi 5 Rol-Tanguy est nommé commandant des FFI de l'Ile-de-France.
Mardi 6 Débarquement allié en Normandie.
Mercredi 14 Premier voyage du général de Gaulle en France (Bayeux).

Juillet
Vendredi 14 Manifestations populaires anti-allemandes dans la région parisienne.
Jeudi 20 Attentat contre Hitler.
Mercredi 26 Les Américains percent le front allemand à Marigny.
Lundi 31 Les Américains débouchent dans Avranches.

Août
Mardi 1er La 2e DB débarque en Normandie.
Mercredi 2 Les Américains libèrent Rennes.
Mercredi 9 Les Américains libèrent Le Mans. Les Allemands contre-attaquent à Mortain. Les services allemands de Paris commencent à déménager. Pierre Laval arrive à Paris où il essaie de préparer la convocation de l'Assemblée nationale.
Jeudi 10 Grève des cheminots.
Jeudi 10-Vendredi 18 La 2e DB participe à la bataille de Normandie.
Vendredi 11 L'amiral Auphan reçoit du maréchal Pétain la mission de négocier avec le général de Gaulle.
Samedi 12 La radio annonce la prise d'Alençon par la 2e DB et de Chateaudun par les Américains. Pierre Laval va chercher Edouard Herriot à Nancy.
Dimanche 13 Le maréchal Pétain précise à un envoyé de Pierre Laval les conditions auxquelles il subordonne son retour à Paris.
Mardi 15 Une armée franco-américaine débarque en Provence. Grève de la police à Paris. Projet d'enlèvement d'Edouard Herriot par la Résistance.
Mercredi 16 **22 h 15** La Gestapo signifie son arrestation à Edouard Herriot.
Jeudi 17 Radio Paris (collaborationniste) suspend ses émissions. La BBC annonce la libération de Chartres, Dreux et Orléans. Débats au CNR, au CPL et au COMAC sur l'opportunité de déclencher l'insurrection.
12 h 30 Raoul Nordling, consul de Suède, signe à l'hôtel Majestic un contrat relatif à la libération de détenus politiques.
13 heures Pierre Laval reçoit à déjeuner à l'hôtel Matignon Edouard Herriot et Otto Abetz.
Après-midi et Soir Echange de lettres entre Pierre Laval et Otto Abetz.
18 h 30 Pierre Laval préside le dernier Conseil des ministres.
19 h 30 Le maréchal Pétain est «invité» par les Allemands à partir vers l'Est.
22 heures Pierre Laval charge le préfet de la Seine et le préfet de police de représenter le gouvernement auprès des Alliés.
23 h 30 Pierre Laval quitte Matignon à destination de l'Est sous escorte allemande.
Vendredi 18 matin Les journaux collaborationnistes ne paraissent plus.
Après-midi L'affiche du colonel Rol proclamant la mobilisation générale et celle des élus communistes appelant le peuple de Paris à l'insurrection sont apposées sur les murs. La CGT. et la CFTC décident la grève générale.
Samedi 19 Premiers combats de l'insurrection. Occupation de mairies, de ministères, d'immeubles de journaux.
8 heures Les gardiens de la paix occupent la préfecture de police.
11 heures Le CNR et le CPL lancent des appels à l'insurrection.
11 h 15 Charles Luizet prend ses fonctions de préfet de police.
13 heures Alexandre Parodi met toutes les forces de la Résistance aux ordres du colonel Rol.
A partir de 14 heures Démonstrations allemandes contre la préfecture de police.
15 h 30 Attaque de la mairie de Neuilly par les Allemands.
17 h 30 Entretien de Raoul Nordling et du général von Choltitz.
18 heures Parodi donne l'ordre d'évacuer la préfecture de police.
20 h 40 Une trêve de trois quarts d'heure est conclue pour le périmètre de la préfecture de police.
21 h 40 La trêve est prolongée jusqu'au lendemain.
23-24 heures Organisation de la prise de possession de l'hôtel de ville.
Dimanche 20 Les combats de rues continuent à Paris. Les Américains entrent à Fontainebleau et traversent la Seine à Mantes.
Matin Le général de Gaulle débarque à

Cherbourg et se rend auprès du général Eisenhower.

6 h 15 Occupation de l'hôtel de ville par Léo Hamon (du CPL) et quelques résistants.

Arrestation de Bussière, préfet de police de Vichy.

8 h 15 Le maréchal Pétain quitte Vichy à destination de l'Est sous escorte allemande.

9 heures Négociations au consulat de Suède en vue de l'extension de la trêve.

10 h 30 Le bureau du CNR accepte l'extension de la trêve.

14 h 15 Le colonel Lizé déclare toute tractation avec l'ennemi « acte de trahison ».

14 h 45 Arrestation d'Alexandre Parodi.

15 h 30 Les voitures à haut-parleur de la préfecture de police annoncent la trêve.

17 heures Marcel Flouret prend possession de ses fonctions à la préfecture de la Seine.

18 h 30 Libération de Parodi.

24 heures Le COMAC adopte un mémorandum hostile à la trêve.

Lundi 21 Les combats de rues se poursuivent malgré la trêve.

11 heures Le CPL propose de rompre la trêve.

12 heures Le général Leclerc, commandant la 2e DB, envoie un détachement précurseur en direction de Paris.

Fin d'après-midi Mise en vente des journaux de la Résistance.

19 heures Le CNR décide de rompre la trêve.

19 h 30 Le colonel Lizé donne l'ordre d'édifier des barricades.

Mardi 22 Liquidation de la poche de Falaise.

Les combats de rues atteignent leur maximum d'intensité. Paris se couvre de barricades.

9 heures Le commandant FFI Gallois arrive au Q. G. du général Bradley.

10-12 heures Le général Eisenhower reçoit les généraux Bradley et Kœnig.

14 heures Réunion des secrétaires généraux sous la présidence de Parodi à l'hôtel Matignon.

15 h 30 Proclamation du colonel Rol « Tous aux barricades ».

18 heures Départ de la mission Nordling.

19 h 15 Le général Bradley donne au général Leclerc l'ordre de marcher sur Paris.

Mercredi 23 Les combats de rues sont moins fréquents que la veille. Le général von Choltitz reçoit l'ordre d'opérer le maximum de destructions à Paris.

6 h 30 La 2e DB s'ébranle vers Paris.

9 heures Incendie du Grand Palais.

12 h 30 La radio française de Londres annonce prématurément la libération de Paris.

Après-midi Le général von Choltitz menace d'attaquer les édifices publics avec des armes lourdes.

Jeudi 24 Les combats de rues sont moins nombreux que la veille.

7 heures Les groupements de la 2e DB partent des régions de Rambouillet et d'Arpajon. Ils avancent toute la journée en combattant.

19 heures Le groupement Billotte arrive à la Croix-de-Berny.

20 heures La radio française déchaîne l'enthousiasme en annonçant l'arrivée de la 2e DB.

21 h 22 Le capitaine Dronne arrive à l'Hôtel de Ville avec quelques chars.

21 h 30 Le groupement Langlade atteint le pont de Sèvres.

23 heures Les batteries allemandes de Longchamp tirent sur la région sud-ouest de Paris.

Vendredi 25 7 h 45 Le groupement Billotte entre dans Paris. Le général Leclerc arrive par la porte d'Orléans et installe son PC à Montparnasse.

10 heures Le colonel Billotte envoie un ultimatum au général von Choltitz.

14 heures Le groupement Langlade arrive place de l'Etoile.

14 h 30 Reddition de l'hôtel Majestic.

14 h 45 Reddition du général von Choltitz au Meurice.

15 h 30 Leclerc reçoit la reddition de von Choltitz à la préfecture de police.

16 h 15 Le général von Choltitz signe à la gare Montparnasse l'ordre de reddition des points d'appui. Rol signe une des ampliations de la convention de reddition.

16 h 30 Le général de Gaulle arrive à la gare Montparnasse.

17-20 heures Reddition des points d'appui allemands à la 2e DB.

19 heures Le général de Gaulle est reçu à l'Hôtel de Ville.

Samedi 26 Le colonel Roumiantzoff pousse les éléments de la 2e DB au nord de Paris.

11 h 30 Le cardinal Suhard est prié de ne pas présider la cérémonie à Notre-Dame.

15 h - 15 h 45 Le général de Gaulle est acclamé par le peuple de Paris de l'Arc de triomphe à Notre-Dame.

15 h 45 Une fusillade éclate place du parvis de Notre-Dame et sur le parcours.

23 h 45 Bombardement aérien de Paris.

Du 27 au 30 La 2e DB livre de durs combat de la région du Bourget contre la 47e division allemande.

BIBLIOGRAPHIE

Jean-Pierre Azéma, *De Munich à la Libération*, Le Seuil, Paris, 1979.

Jean-Pierre Azéma, François Bedarida (sous la direction de), *La France des années noires*, Le Seuil, Paris, 1993.

Jean-Pierre Azéma, Olvier Wieviorka, *Les Libérations de la France*, Editions de la Martinière, Paris, 1993.

Pierre Bourget, *Paris, année 44, occupation, libération, épuration*, Paris, Plon, 1984.

Adrien Dansette, *Histoire de la Libération de Paris*, Paris, Fayard, 1947.

Charles de Gaulle, *Mémoires de guerre, L'Unité 1942-1944*, Paris, Plon, 1956.

Henri Michel, *La Libération de Paris*, Bruxelles, Complexe, 1980.

Henri Noguères, en collaboration avec Marcel Degliame-Fouché, *Histoire de la Résistance en France*, tome V, Paris, Robert Laffont, 1981.

Claude Roy, *Les yeux ouverts dans Paris, insurgé*, Paris, René Julliard, 1944.

La Libération de Paris, à paraître chez Albin Michel : directeur de publication, Christine Levisse-Touzé, en août 1994, actes du colloque international organisé par la Ville de Paris du

2 au 4 février 1994 au Sénat avec le concours du Mémorial du Maréchal Leclerc de Hauteclocque et de La Libération de Paris et du musée Jean Moulin.

Maurice Kriegel-Valrimont, *La Libération, les archives du COMAC (mai-août 1944)*, les Editions de Minuit (Grands Documents), 1964.

Raymond Massiet, *La préparation de l'insurrection et la bataille de Paris*, Paris, Payot, 1945.

Henri Michel, *Paris Allemand*, Paris, Albin Michel (Histoire), 1981.

Henri Michel, *Paris Résistant*, Paris, Albin Michel (Histoire), 1982.

Pierre Bourget, *Paris 40-44*, Paris, Plon, 1984.

André Kaspi, *La Deuxième Guerre mondiale, chronologie commentée*. Paris, Perrin, 1990.

Témoignages

René Dunan, *Ceux de Paris Août 1944*, Paris, Éditions du Milieu du Monde, Préface de Pierre Lazareff.

S. Campaux (dir.), *La Libération de Paris* (19-26 août 1944), Paris, Payot, 1945.

Francis Crémieux, *La vérité sur la Libération de Paris*, Paris, Messidor, 1984.

LISTE DES PSEUDONYMES

Arnould *colonel Ollivier*
Georges Bidault *Jean-Jacques*
Général Bloch *Dassault, Rapp*
Jacques Delmas *Arc-Chaban*
Francis-Louis Closon *Vincent*
Roger Cocteau *Gallois*
Commandant Devareux *Bressy*
Ginsburger *Villon*
Léo Hamon *Sacy*
André Max Hoschiller *Carrel*

Maurice Kriegel *Valrimont*
Emile Laffon *Guizot*
Général Philippe de Hauteclocque *Leclerc*
Malleret *Joinville*
Colonel de Marguerittes *Lizé/Lizet*
Alexandre Parodi *Cerat, Quartus, Belladone*
Roland Pré *Oronte, Daru*
Colonel Tanguy *Rol*
Jean de Vogüe *commandant Vaillant, Léonard*

RÉFÉRENCES DES CITATIONS

CHAPITRE I

p 12 : Charles de Gaulle, *Mémoires de Guerre, l'Unité* 1942-1944, Plon, 1971, p 185.
p 14 : Charles de Gaulle, *op. cit.*, p 293.
p 19 : Mémorial du maréchal Leclerc de Hauteclocque et de la Libération de Paris et du Musée Jean Moulin (Ville de Paris) in Archives du fonds historique de la fondation du maréchal Leclerc

p 20-21 : Charles de Gaulle, *op. cit.*, p 230-231.
p 24 : Mémorial (Ville de Paris), *op. cit.*, tract des cheminots du 10 août.
p 25 : Henri Michel, *La Libération de Paris*, 1944, Complexe 1980, p 39.

p 26 : André Kaspi, *La Deuxième Guerre Mondiale*, Perrin, 1990, p 445.

CHAPITRE II

p 30 : Tract des FTP du 10 août 1940, Mémorial (Ville de Paris), *op. cit.*

TABLE DES ILLUSTRATIONS

INDEX

CRÉDITS PHOTOGRAPHIQUES

Archives photos, Paris Dos, 35, 51, 61m. Bibliothèque nationale, Paris 1er plat, 10, 12, 13h, 16h, 18-19b, 26h, 31h, 34m, 40h, 46b, 47, 80, 82, 98. D.R. 61b, 69, 74b. BDIC, Paris 90. Fonds historique Leclerc, Saint-Germain-en-Laye 54b, 55b, 71-72h, 72b, 75h, 87, 88b. Keystone 4e plat, 54, 76m. Lapi-Viollet 22-23, 25m, 101b. Magnum, photo Henri Cartier-Bresson 34b, 43m, 46-47, 48-49, 56h, 73b, 101m. Magnum, photo Robert Capa 72h, 102. Mémorial de Caen 19h. Mémorial Leclerc (Ville deParis) 17b, 25h, 28, 29, 33m, 37h, 38-39, 39h, 40-41h, 41b, 43h, 43b, 44-45, 66h, 74h. Peter Newark's Library Pictures, Bath 11.Roger-Viollet 14h, 15h, 14-15b, 17h, 24, 26m, 30m, 36h, 36m, 37b, 48-49, 52-53m, 76-77m, 89h, 93, 96, 97, 100.Tallandier 13m, 20-21, 27, 33b, 42h, 53, 57, 58h, 66m, 68, 73h, 81, 83, 85, 86, 88h. Pierre Vals 25b, 31b, 50, 62, 63, 64, 65, 67, 77b, 89b, 101h, 103. Vidéothèque de la Ville de Paris 32h, 33h, 46h, 59h, 71h, 84h, 84m, 84b.

REMERCIEMENTS

L'auteur et l'éditeur tiennent à remercier l'équipe du Mémorial du maréchal Leclerc de Hauteclocque et de la Libération de Paris et du musée Jean Moulin, le fonds historique du maréchal Leclerc, Laurent Violette de la Vidéothèque de Paris, Marie Dorigny, Pierre Blanchet, Olivier Forcade, Pierre Lesouef, Jacques Vernet, Jean-Charles Jauffret, Sophie Aurand, Arnaud Pontier, Alain Esmery et Alain Dussert.

ÉDITION ET FABRICATION

Découvertes Gallimard
DIRECTION : Pierre Marchand et Elisabeth de Farcy.
GRAPHISME : Alain Gouessant. FABRICATION : Violaine Grare. PROMOTION & PRESSE : Valérie Tolstoï.
Paris libéré, Paris retrouvé
EDITION ET ICONOGRAPHIE : Nathalie Reyss. MAQUETTE : Vincent Lever (corpus) et Dominique Guillaumin (Témoignages et Documents). CARTOGRAPHIE : Aubin Leray. MISE EN COULEUR : Laure Massin. MISE EN COULEUR NUMÉRIQUE : Paul Coulbois. INDEX : Ariane Chottin. LECTURE-CORRECTION : François Boisivon. PHOTOGRAVURE : Arc-en-ciel. MONTAGE PAO : Paragramme.

Table des matières